세상이 번쩍,
생각이 반짝!

# 전쟁과 발명

## 사진출처

**셔터스톡_** 17p 신기전 모형 / 19p 휠락 총 / 21p 3D 렌더링 탱크, 현대식 탱크 / 24p 수중 소총 / 28p 고무풍선 탱크 / 38·106p 3D 렌더링 스푸트니크호 / 42p 컴퓨터 네트워크 / 45p 헤디 라마 기념우표 / 48p 고대 로마 도로 / 49p 아스팔트 포장도로 / 57p 레이더 안테나, 항공 레이더, 자율 주행 자동차 / 58p 전자레인지 / 60·109p 프라이팬 / 61p 테플론 플라스틱 / 62·109p 비닐봉지 / 63p 저밀도 폴리에틸렌 / 65·109p 뽑아 쓰는 화장지 / 76p 트렌치코트 / 77p 카디건 / 80p 레이밴 선글라스 / 84p 방탄복 / 93p 통조림, 통조림 음식 / 95p 마가린 / 96p 스팸 / 98p 탄산음료 / 103p 환약

**위키피디아_** 20p 마크원 / 23p 압둘하미드호 / 37p 콜로서스, 에니악 / 69p 독일군 쌍안경 / 76p 타이로켄 코트 광고 기사

**나사_** 39·106p 아폴로 11호

**대한민국역사박물관_** 39·106p 우리별 1호

**국립중앙박물관_** 85p 면제 배갑

**동성제약_** 103p 동성 정로환

**세상이 번쩍, 생각이 반짝! 전쟁과 발명**
ⓒ 이경윤, 2023

1판 1쇄 발행 2023년 9월 25일

**글** 이경윤 | **그림** 이창우 | **감수** 서울과학교사모임
**펴낸이** 권준구 | **펴낸곳** (주)지학사
**본부장** 황홍규 | **편집장** 김지영 | **편집** 박보영 이지연 | **교정교열** 김새롬
**디자인** 이혜리 | **마케팅** 송성만 손정빈 윤술옥 박주현 | **제작** 김현정 이진형 강석준 오지형
**등록** 2010년 1월 29일(제313-2010-24호) | **주소** 서울시 마포구 신촌로6길 5
**전화** 02.330.5263 | **팩스** 02.3141.4488 | **이메일** arbolbooks@jihak.co.kr
**ISBN** 979-11-6204-150-5 73300
잘못된 책은 구입하신 곳에서 바꿔 드립니다.

 **제조국** 대한민국 **사용연령** 8세 이상
KC마크는 이 제품이 공통안전기준에 적합하였음을 의미합니다.

지학사아르볼 아르볼은 '나무'를 뜻하는 스페인어. 어린이들의 마음에 담긴 씨앗을 알찬 열매로 맺게 하는 나무가 되겠습니다.

**홈페이지** www.jihak.co.kr/arb/book | **포스트** post.naver.com/arbolbooks

## 펴냄 글

### 과학은 왜 어려울까?

- 생명과학, 지구과학, 물리학, 화학 등 공부해야 할 범위가 넓다.
- 책이나 교과서를 볼 땐 이해할 것 같다가도 돌아서면 헷갈린다.
- 과학 현상이나 원리가 어려워서 이해가 안 된다.
- 과학 공부를 할 때 어려운 단어가 많이 나온다.

### 과학 공부, 쉽게 하려면 통합교과 시리즈를 펼치자!

**통합교과란?**

- 서로 다른 교과를 주제나 활동 중심으로 엮은 새로운 개념의 교과
- 하나의 주제를 역사·기술·생활·문화·산업 등
  다양한 영역에서 접근해 정보 전달 효과를 높임
- 문·이과 통합 교육 과정에 안성맞춤

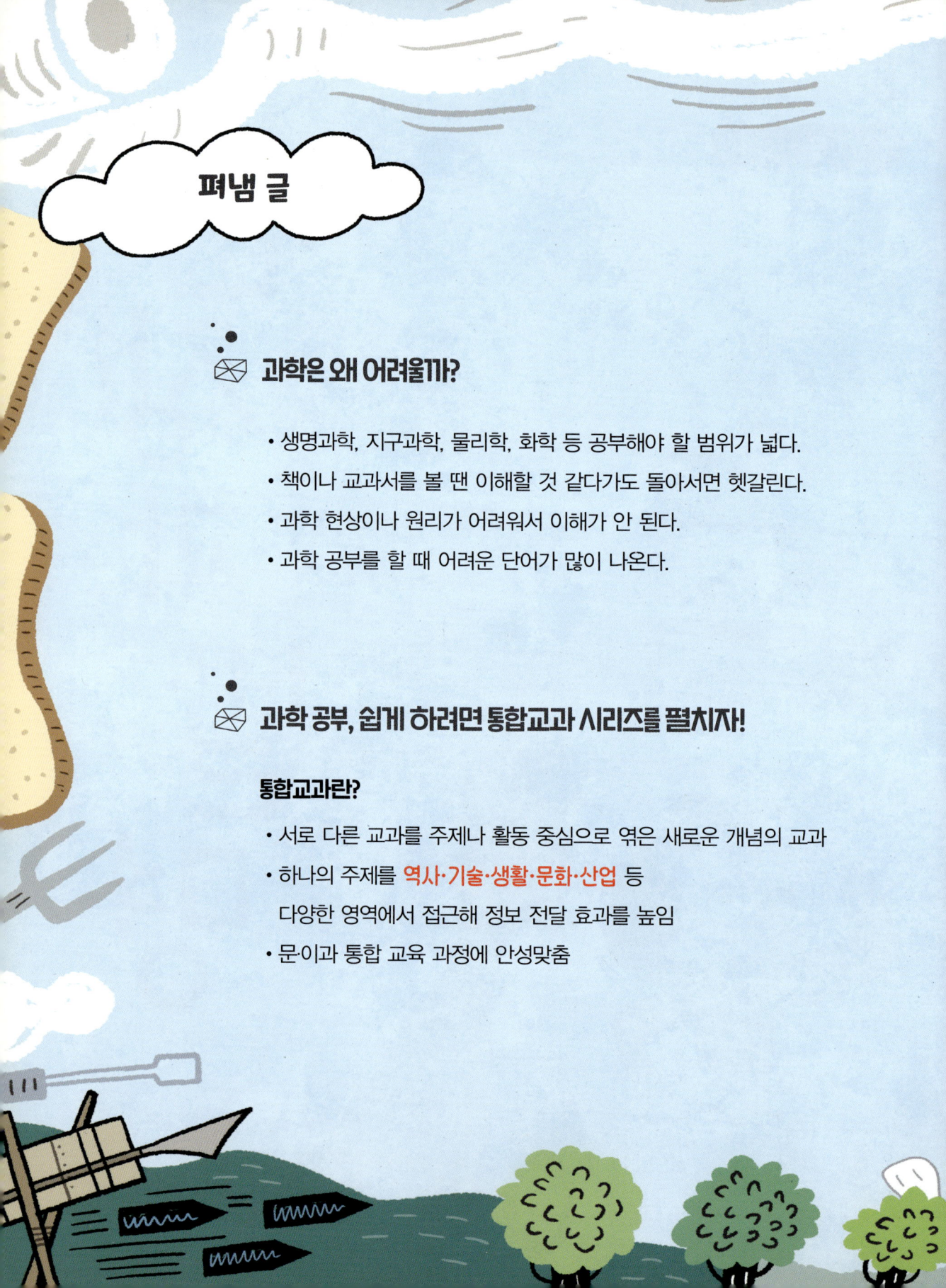

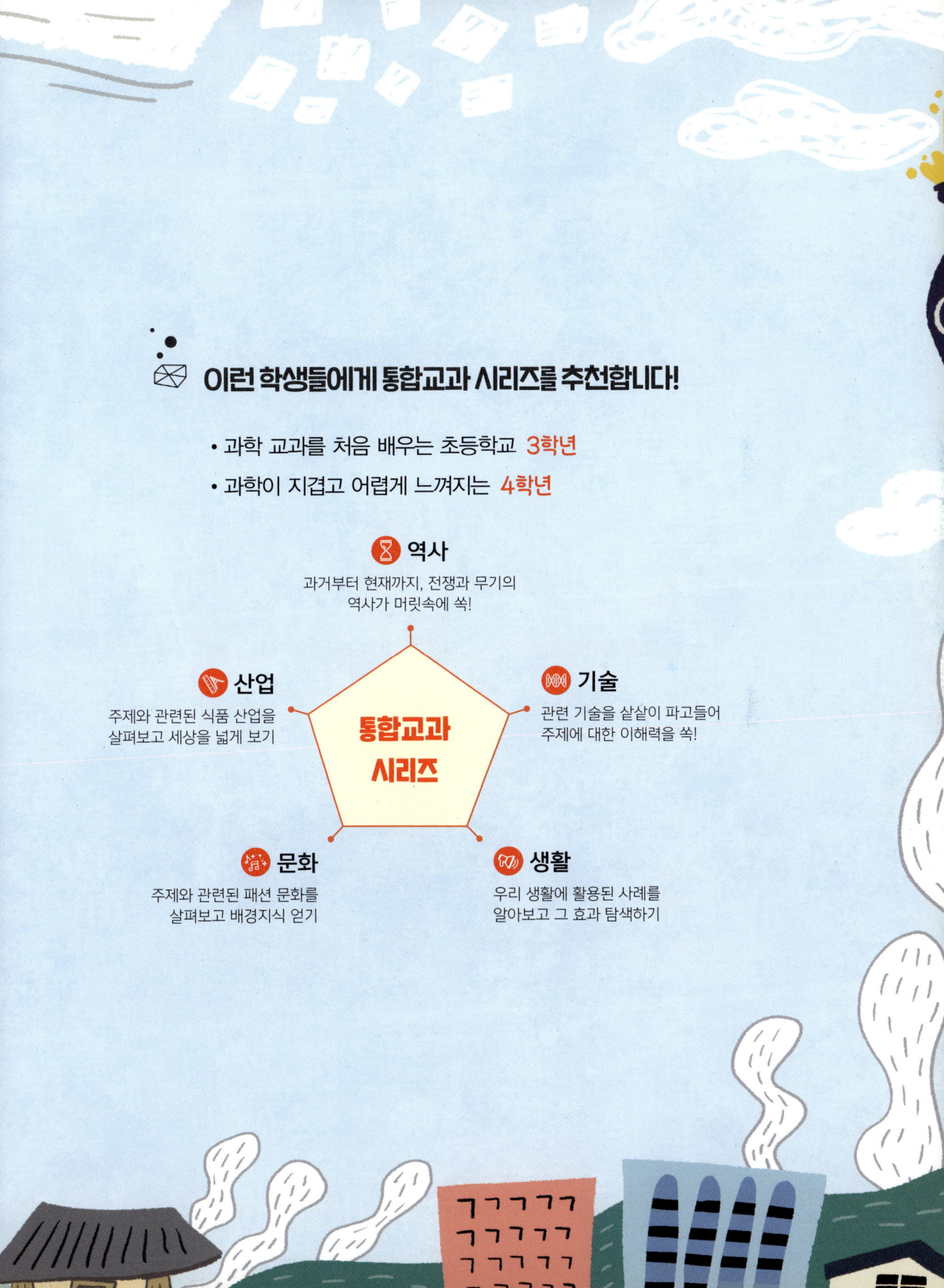

# 차례

### 1화
**이제부터 전쟁이야**  역사  전쟁과 무기의 역사  10

- 16  로켓 탄생의 숨은 비밀
- 18  전쟁의 역사를 바꾼 총
- 20  길을 비켜라! 탱크
- 22  바다를 지배하는 잠수함
- 24  물속에서 총알을 쏘려면?
- 28  **한 걸음 더**: 적을 속인 진짜 같은 가짜

### 2화
**엄마의 화해 대작전**  기술  전쟁과 정보 통신 기술  30

- 36  암호 전쟁이 키운 컴퓨터
- 38  우주를 향해 쏴라, 인공위성
- 40  위치를 알려 주는 GPS
- 42  세계 최대의 통신망, 인터넷
- 44  와이파이의 시작은?
- 48  **한 걸음 더**: 전쟁으로 생겨난 도로망

### 3화
**발명왕 루스에게 맡겨**  생활  생활을 바꾼 전쟁 발명품  50

- 56  박쥐에게서 찾아낸 기술, 레이더
- 58  레이더를 연구하다가 탄생한 전자레인지
- 60  전쟁터에서 주방으로! 테플론
- 62  비닐이 비밀 물자였다고?
- 64  붕대를 대신한 화장지? 셀루코튼
- 68  **한 걸음 더**: 기발하거나 엉뚱하거나

### 4화
### 작은 아이디어가 발명으로  　문화  전쟁이 패션에 미친 영향  **70**

- 76　전쟁이 남긴 패션
- 78　패션 아이템이 된 지퍼
- 80　눈도 보호하고 멋도 내고!
- 84　**한 걸음 더:** 현대판 갑옷, 방탄복

### 5화
### 맛있는 화해  　산업  전쟁과 식품 산업  **86**

- 92　음식을 오래 보관하려면?
- 94　버터 대신 마가린
- 96　전투 식량을 찾아라!
- 98　콜라 없으면 환타
- 102　**한 걸음 더:** 러시아를 정벌하는 약, 정로환

- 104　워크북
- 114　정답 및 해설
- 116　찾아보기

## 등장인물

### 에디
역사를 좋아하는 남자아이예요.
요즘은 특히 세계 전쟁사에 푹 빠져 지내지요.
에디는 여동생 케이가 못마땅해요. 발명을 한답시고
매번 문제만 일으키는 것 같거든요. 케이와 자주
다투어서 엄마에게 걱정을 끼치기도 해요.

### 케이
에디의 여동생으로, 발명에 관심이 매우 많아요.
발명에 빠져 때로는 집을 엉망으로 만들기도 하지만요.
자신의 발명품을 엉터리라고 생각하는 오빠와 티격태격
할 때가 많아요. 남 같은 남매 사이를 어쩌면 좋을까요?

### 엄마

과학 기술 학교 선생님이에요. 에디와 케이가 하루가 멀다 하고 싸우자 제자인 발명왕 루스에게 도움을 구해요. 과연 엄마의 바람대로 둘은 오해를 풀고 사이좋게 지낼 수 있을까요?

### 루스

과학 기술 학교 학생으로, 어릴 적부터 발명에 관심과 재능을 보였어요. 친구들 사이에서 발명왕으로 불러요. 얼마 전에는 전국 발명 대회에서 대상도 받았지요. 루스의 등장으로 에디와 케이 사이에 변화가 찾아올지 지켜봐요.

## 로켓 탄생의 숨은 비밀

로켓은 연료를 태워 얻은 뜨거운 가스를 빠르게 내뿜어 날아가는 물체예요. 가스가 아래로 내뿜어져 나오는데 로켓은 왜 위로 솟아오를까요? 어떤 힘이 한쪽으로 작용하면 그 반대쪽으로도 같은 힘이 작용하기 때문이에요. 이것을 작용 반작용의 법칙이라고 해요. 로켓에 무기를 실으면 엄청난 파괴력을 가지게 돼요. 적이 멀리 떨어져 있어도 효과적으로 공격할 수 있지요. 그러면 로켓은 언제 처음으로 만들어졌을까요?

### 세계 최초의 로켓 무기, 비화창

기록으로 볼 때 가장 오래된 로켓은 1232년 금나라(지금의 중국 땅에 여진족이 세웠던 나라)가 몽골과의 전쟁에서 사용한 비화창(飛火槍)이에요. 한자를 그대로 풀이하면 날아가는 불 창을 뜻하지요.

금나라의 역사책에는 비화창에 대한 기록이 나와요. 먼저 종이를 16겹으로 말아 통을 만들어 그 안에 화약을 넣어요. 길이 40센티미터 정도 되는 이 화약통을 2.5미터 창에 묶어 심지에 불을 붙이면 화약이 폭발하면서 그 힘으로 날아가지요.

비화창은 목표 지점에 떨어져 주위를 태우는, 그 당시에 엄청난 위력을 자랑하는 무기였어요.

## 조선의 비밀 무기, 신기전

화약과 로켓 무기는 당시 금나라와 전쟁을 벌이던 몽골에 의해 세계로 퍼졌어요. 그렇다면 우리나라에서 로켓 무기는 언제 처음으로 만들어졌을까요?

우리나라의 첫 로켓 무기는 고려 후기에 발명가 최무선이 만든 주화(走火)예요. 달리는 불을 뜻하지요. 화살대 앞부분에 화약통이 달려 있으며, 화약통은 비화창처럼 종이를 돌돌 말아서 만들었을 것으로 추측해요.

주화는 조선 시대에 신기전으로 발전했어요. 그중 산화신기전은 세계 최초의 2단형 로켓으로 알려져 있지요. 화약이 폭발하는 힘으로 목표 지점까지 날아가서 추가로 폭발해 적을 벌벌 떨게 했어요. 특히 일본이 쳐들어온 임진왜란 때에 크게 활약했다고 전해요.

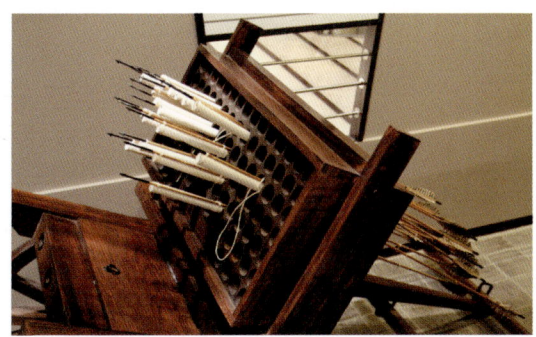

복원한 신기전 모형

## 전쟁의 역사를 바꾼 총

화약 무기 하면 총이 먼저 떠오를 거예요. 전쟁의 역사는 총의 발명 전후로 나뉠 만큼 총이 가진 위력은 대단해요. 임진왜란 초기에 조선이 왜군에 밀렸던 이유도 조총 때문이었어요. 총이 어떻게 만들어졌는지 알아볼까요?

### 방아쇠를 당겨라!

총은 화약 제조 기술을 바탕으로 생겨날 수 있었어요. 화약은 고대 중국에서 처음 만들어졌다고 해요. 흥미로운 점은 처음부터 화약을 만들려고 한 것이 아니라, 영원히 살게 하는 약을 만들려다가 엉뚱하게 탄생했다는 사실이에요.

화약을 이용해 여러 무기가 만들어졌는데 여기에 문제가 하나 있었어요. 심지에 불을 붙인 뒤, 이 불이 화약까지 옮겨져 폭발해야 발사됐거든요. 그러니 시간이 꽤 걸리는 단점이 있었어요.

1400년대 유럽에서 방아쇠를 당기면 미리 불을 붙인 심지가 화약에 바로 닿아 발사되는 화승총이 만들어졌어요. 방아쇠를 당기면 총알이

나가는 무시무시한 무기가 탄생한 거예요.

## 더 빠르고 간편하게 발사!

화승총은 무시무시한 무기였지만 여전히 문제가 있었어요. 어쨌든 심지 불이 꺼지지 않도록 신경 써야 했으니까요. 특히 말을 타고 싸움을 벌이는 기병은 쓰기가 까다로웠지요.

이 문제를 해결하려고 휠락(wheellock) 방식의 총이 발명됐어요. 원리는 라이터와 비슷해요. 방아쇠를 당기면 작은 쇠바퀴가 회전해 부싯돌을 긁어 불꽃이 일지요. 두 물체가 서로 닿아 비벼지는 마찰의 힘으로 불을 붙이는 거예요.

이후로도 총은 계속 발전했어요. 총알과 화약을 총구멍이 아닌 뒤쪽으로 넣어 발사하는 방식으로 변했지요. 그러면서 장전하는 시간까지 줄었어요. 이 모든 발전은 전쟁에서 적을 조금이라도 수월하게 물리치려고 나온 것이었어요.

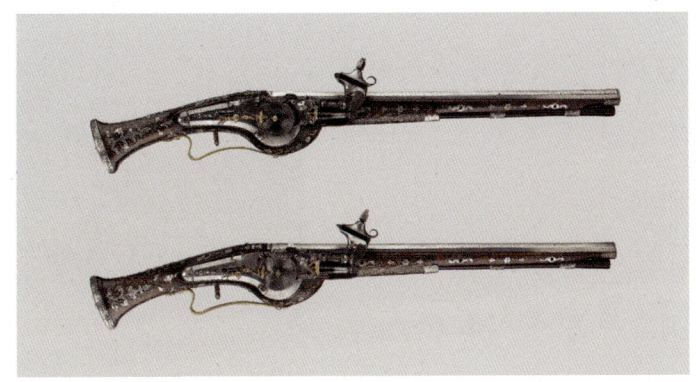

휠락 점화 방식 총

## 길을 비켜라! 탱크

이름부터 강렬한 느낌을 풍기는 탱크는 전차의 한 종류예요. 전차는 전쟁할 때에 쓰는 차로, 보통 두꺼운 철판과 각종 무기로 무장을 하고 있지요. 전차는 어떻게 발전해 왔으며 또 탱크는 언제 처음 등장했을까요?

### 전쟁을 끝내러 왔다!

전차는 적진에 빠르게 파고들어 공격을 펼칠 수 있어서 고대부터 쓰여 왔어요. 옛날에는 기술이 부족해서 말이 끄는 수레에 사람이 올라타 직접 창이나 활로 공격을 퍼부었지요. 그러다 총과 자동차가 발명되면서 전차의 모습도 변하게 됐어요.

1914년에서 1918년까지 일어난 제1차 세계 대전 당시 영국은 참호 때문에 어려움을 겪었어요. 참호는 몸을 숨기면서 적과 싸우기 위해 파는 좁고 긴 구덩이예요. 영국이 참호를 돌파하려고 발명한 것이 바로 탱크였어요.

최초의 탱크인 마크원은 최고 속도가 시속 6킬로미터로, 사람이 걷는 속도와

최초의 탱크인 마크원

비슷했어요. 하지만 험한 길에서도 쉽게 이동할 수 있도록 무한궤도를 달고, 철판과 기관총으로 무장했지요. 무한궤도는 바퀴 둘레에 강철판으로 만든 벨트를 걸어 놓은 장치예요. 돌아가는 벨트 위에서 바퀴가 굴러서 참호도 거뜬히 건널 수 있지요. 탱크의 등장으로 영국은 독일과의 전투를 승리로 이끌 수 있었어요.

## 탱크가 나가신다!

탱크의 등장은 제1차 세계 대전에 참가한 여러 나라를 깜짝 놀라게 하기에 충분했어요. 영국의 한 신문은 한니발의 코끼리 부대가 다시 등장했다며 크게 기사를 내기도 했지요. 옛날, 카르타고(현재 튀니지 일대에 위치했던 고대 국가)의 장군 한니발은 코끼리 부대를 앞세워 로마 제국을 공포에 빠뜨렸었거든요.

물론 그 당시 탱크는 속도가 느리고 고장이 잘 나는 등 여러 문제를 가지고 있었지만 여러 나라가 관심을 가지고 기술을 발전시켜 단점이 점점 개선됐지요. 1939년~1945년에 벌어진 제2차 세계 대전에서 탱크는 지상 최고의 무기로 떠올랐어요.

현대식 탱크

## 바다를 지배하는 잠수함

바다에서는 배를 타고 물 위에서 싸움을 벌였어요. 만약 적이 알아채지 못하게 물속에서 공격하면 어떨까요? 이 생각을 실제로 옮긴 사람이 있어요. 바로 미국의 데이비드 부슈널이지요. 공격용 잠수함이 어떻게 생겨났는지 알아봐요.

### 최초의 공격용 잠수함

1775년, 미국은 영국의 식민 지배에서 벗어나기 위해 독립 전쟁을 벌였어요. 이때 부슈널은 해전에서 힘없이 당하던 미국을 위해 할 일을 고민했지요. 그리하여 최초의 공격용 잠수함 터틀을 만들어 내기에 이르렀어요.

터틀호는 한 사람이 탈 수 있는 크기의 나무통으로 만들었어요. 사람의 힘으로 프로펠러를 돌려 움직이는 방식이었지요. 밖을 볼 수 있도록 창을 설치하고, 부력을 조절하기 위해 바닥에 납으로 만든 균형추도 달았어요. 부력은 액체나 기체 속에 있는 물체가 중력에 반하여 위로 뜨려는 힘을 말해요. 참! 드릴도 빼놓을 수 없어요. 터틀호는 적군의 배 바닥에 드릴로 구멍을 뚫고 폭탄을 집어넣으려는 계획을 가지고 있었으니까요.

## 어뢰를 단 잠수함

1776년, 터틀호는 물속을 힘겹게 헤저어 영국 군함에 접근했어요. 그런데 드릴로 구멍을 뚫는 것이 문제였어요. 영국 군함의 두꺼운 구리 바닥을 도저히 뚫을 수 없었지요. 결국 계획은 실패로 끝나고 말았어요. 이후 잠수함이 계속 만들어졌으나 사람의 힘으로 움직이는 방식 때문에 위력을 발휘하지 못했어요. 적군의 배에 가까이 다가가 공격하는 방식 또한 해결해야 했지요.

1800년대 무렵, 어뢰를 쏠 수 있는 잠수함이 개발되기 시작했어요. 어뢰는 자체의 힘으로 나아가 목표에 부딪쳐 폭발하는 무기예요. 오스만 제국의 압둘하미드호는 잠수한 상태로 어뢰를 쏠 수 있었어요. 물속에서 어뢰를 발사해 나무배를 박살 내는 장면을 보여 주면서 세계의 주목을 받기도 했지요.

오스만 제국의 압둘하미드호

### 잠수함은 어떻게 떴다 가라앉았다 할까?

잠수함에는 부력 탱크가 달려 있어요. 잠수함이 물 위로 뜰 때는 탱크 속에 공기를 채워요. 그러면 잠수함이 가벼워져 부력을 받아 뜨지요. 잠수함이 물속으로 들어갈 때는 공기를 내보내고 탱크에 바닷물을 채워요. 그러면 부력보다 잠수함 무게가 커져서 물속으로 가라앉지요. 이러한 원리로 잠수함은 떴다 가라앉았다 해요.

### 물속에서 총알을 쏘려면?

물속에서 총알을 쏘면 어떻게 될까요? 언뜻 생각하기에 총의 위력이 대단해서 물속에서도 총알이 잘 날아갈 것 같지만 실제로는 그렇지 않아요. 바로 밀도 때문이에요. 밀도는 물질을 이루는 원자나 분자가 빽빽이 들어선 정도를 나타내요. 물속처럼 밀도가 높은 곳에서는 총알이 멀리 날아가기가 힘들지요. 밀도가 높을수록 저항, 즉 물체의 운동을 방해하는 힘이 커지니까요. 그래서 물속에서도 멀리 쏠 수 있는 총을 개발하기에 이르렀어요.

## 수중 소총의 탄생

제2차 세계 대전 당시 특수 부대는 물속으로 몰래 침투해 적을 공격하려고 했어요. 당연히 상대가 방어할 테니까, 물속에서도 쏠 수 있는 총이 필요했지요. 이렇게 해서 탄생한 것이 수중 소총이에요.

수중 소총용 총알은 가늘고 긴 화살처럼 만들어서 일반 총알보다 더 멀리 날아갈 수 있게 했어요. 하지만 총알을 재어 두는 탄창이 너무 커서 걸리적거리는 게 문제였지요. 문제는 이뿐이 아니었어요. 총알의 특이한 모양 때문에 물 밖에서는 50미터 정도밖에 날아가지 못했거든요.

수중 소총

## 수륙 양용 소총의 등장

 초기에 개발된 수중 소총은 물속에서만 유용해서 반쪽짜리 총밖에 되지 못했어요. 물속으로 침투하더라도 땅 위에서 전투를 벌이는 경우가 많았으니까요. 그래서 수중 소총과 일반 총 모두를 가지고 다녀야 하는 불편이 따랐지요.
 상황이 이러니 물속과 땅 위에서 모두 쓸 수 있는 총이 필요했어요. 하지만 기술 개발이 더뎌 오랜 시간이 걸렸지요. 1990년대 후반, 무려 20여 년의 연구 끝에 수륙 양용 소총이 세상에 나왔어요.
 수륙 양용 소총은 총알 말고 탄창 자체를 갈아 끼우는 방식이에요. 즉 물속에서는 수중용 총알이 든 탄창을 끼우고, 땅 위로 올라와서는 일반 총알이 든 탄창으로 갈아 끼워 쏘면 되지요. 물론 여전히 불편한 점은 있지만요.
 단점을 보완하고 성능을 올리기 위한 연구는 지금도 활발히 이루어지고 있어요.

## 전쟁과 무기의 역사

### 로켓 무기의 발명

- 로켓은 연료를 태워 얻은 뜨거운 가스를 빠르게 내뿜어 날아가는 물체임. ➡ 가스를 아래로 내뿜으면 그 반작용으로 로켓이 위로 날아감.
- 비화창: 1232년, 금나라가 몽골과의 전쟁에서 사용한 세계 최초의 로켓 무기.
- 신기전: 주화를 개량한 조선 시대의 로켓 무기. 산화신기전은 세계 최초로 2단형 로켓 구조를 갖추었음.

### 총의 발명

- 화약 제조 기술을 바탕으로 총이 생겨났음.
- 1400년대 유럽에서 방아쇠를 당기면 미리 불을 붙인 심지가 화약에 바로 닿아 폭발하는 화승총을 만들었음. ➡ 화승총은 심지 불이 꺼지지 않게 신경 써야 하는 문제가 있었음. ➡ 방아쇠를 당기면 쇠바퀴가 회전해 부싯돌을 긁어 불꽃이 이는 휠락 점화 방식 총이 개발됐음. ➡ 이후로도 총은 계속 발전하고 있음.

### 탱크의 발명

- 전차는 고대부터 무기로 쓰여 왔음. ➡ 옛날에는 말이 끄는 수레에 사람

이 올라타 직접 창이나 활로 공격했음. ➡ 총과 자동차가 발명되면서 전차의 모습도 변했음. ➡ 무한궤도를 갖추고, 두꺼운 철판과 각종 무기로 무장한 탱크가 등장했음.
- 무한궤도: 벨트 위에서 바퀴가 계속 구르며 움직일 수 있도록 만든 장치.
- 마크원: 제1차 세계 대전 당시 참호 때문에 어려움을 겪던 영국이 세계 최초로 만든 탱크.

### 공격용 잠수함의 발명
- 잠수함은 부력을 조절해 물에 떴다 가라앉았다 할 수 있음.
- 미국 독립 전쟁 중에 세계 최초의 공격용 잠수함 터틀이 만들어졌음. ➡ 사람의 힘으로 움직이는 방식 때문에 위력을 발휘하지 못했음. 적군의 배에 가까이 다가가서 공격하는 방식 또한 해결해야 했음. ➡ 1800년대 무렵, 어뢰를 쏠 수 있는 잠수함이 개발됐음.

### 수중 소총의 발명
- 물속에서는 총알이 멀리 날아가기 힘듦. ➡ 밀도가 높을수록 저항, 즉 물체의 운동을 방해하는 힘이 커지기 때문임. ➡ 총알을 가늘고 긴 화살처럼 만들어서 더 멀리 날아갈 수 있게 한 수중 소총이 개발됐음.
- 수중 소총은 총알의 모양 때문에 물 밖에서 50미터 정도밖에 날아가지 못했음. ➡ 물속에서는 수중용 총알이 든 탄창을 끼우고, 땅 위에서는 일반 총알이 든 탄창으로 갈아 끼우는 수륙 양용 소총이 개발됐음.

# 한 걸음 더!

## 적을 속인 진짜 같은 가짜

전쟁에서는 힘이 세다고 무조건 이기는 것이 아니에요. 중국 삼국 시대의 정치가 제갈량은 상대를 속이는 책략을 써 불리한 싸움에서도 이기고는 했으니까요. 제2차 세계 대전에서도 상대를 속이는 책략이 종종 이용됐어요. 어떤 책략인지 알아볼까요?

### 적의 눈을 속여라!

전쟁 중에 적군과 맞서고 있는데 엄청난 탱크가 보이면 가슴이 졸아들지 않을 군인이 몇이나 될까요? 이런 점을 노려 가짜 탱크가 등장했어요. 제2차 세계 대전 때 연합군에 고스트아미로 불리는 특수 부대

고무풍선 탱크

가 있었는데, 이 부대는 고무풍선 탱크를 앞세워 적을 겁먹게 했지요.

탱크 말고도 가짜로 만든 무기와 장비가 또 있었어요. 고무풍선 트럭이나 전투기도 멀리서는 진짜 같았지요. 또 하늘에서 낙하산 부대가 쏟아져 내리는 것처럼 보이기 위해서 모형을 만들기도 했어요.

한편 가짜 소리를 이용한 방법도 있어요. 초대형 스피커로 위협적인 소리를 내보내 적에게 혼란을 주는 거예요.

### 가짜 마을과 기지까지

심지어 가짜 마을을 만들기도 했어요. 미국 시애틀 근처에 폭격기를 생산하는 공장이 있었는데, 적의 눈을 피하려고 지붕 위로 가짜 마을을 꾸몄지요. 실제 마을처럼 보이기 위해 할리우드에서 무대를 만드는 디자이너에게 도움을 구했다고도 전해요.

영국군이 가짜 항공 기지를 만들어 적의 공격을 유도한 사례도 있어요. 이 사실을 모르고 독일 공군이 공격을 퍼부었다고 하니, 꽤 쓸 만한 책략 같지 않나요?

- 암호 전쟁이 키운 컴퓨터
- 우주를 향해 쏴라, 인공위성
- 위치를 알려 주는 GPS
- 세계 최대의 통신망, 인터넷
- 와이파이의 시작은?

**한눈에 쏙** 전쟁과 정보 통신 기술
**한 걸음 더** 전쟁으로 생겨난 도로망

## 암호 전쟁이 키운 컴퓨터

제2차 세계 대전 당시 적의 암호를 풀려는 치열한 경쟁이 벌어졌어요. 독일의 에니그마 암호는 특히 어려웠는데, 마침내 연합군이 그 비밀을 푸는 데 성공했지요. 그러자 독일은 더 어려운 로렌츠 암호를 만들어 쓰기 시작했어요. 이 로렌츠 암호를 해독하려고 만든 기계가 오늘날의 컴퓨터로 이어질 줄은 그때만 해도 아무도 몰랐답니다.

### 암호 해독의 열쇠

1600년대, 기계식 계산기가 처음 등장했어요. 기계식 계산기는 점점 발전해 1900년대 초반에는 대규모 데이터를 처리하는 수준까지 올랐지요. 기계식 계산기를 활용해 제2차 세계 대전에서 어느 정도 성과를 보기도 했어요. 단순히 계산만 하는 수준이라 한계가 있었지만요. 계속해서 암호 해독에 어려움을 겪자 더 높은 수준의 계산기가 필요했어요.

1943년, 로렌츠 암호를 깨기 위해 콜로서스가 만들어졌어요. 진공관*을 사용하고 프로그래밍이 가능해, 최초의 전자식 컴퓨터로 볼 수 있지요. 콜로서스는 노르망디 상륙 작전을 비롯한 제2차 세계 대전에서 연합군이 좋은 성과를 얻는 데 도움이 됐어요.

★ **진공관** 공기가 없는 상태에서 전류가 흐르도록 만든 관. 초기 컴퓨터에서 데이터를 처리하는 논리 회로 역할을 했음.

## 최초의 컴퓨터는?

일반적으로 최초의 컴퓨터는 1946년에 미국 펜실베이니아대학교에서 개발한 에니악으로 알려져 왔어요. 에니악은 진공관을 무려 1만 8,000여 개나 사용하며, 무게가 30톤이나 되는 거대한 계산기예요. 원래는 탄알이 목표에 이르는 지점을 정확히 계산하려고 만들었지만, 전쟁이 끝난 뒤에는 우주선 연구 등에 쓰였다고 해요.

그런데 앞에서 살펴본 콜로서스 역시 프로그래밍이 가능하다는 점에서 현대적 컴퓨터 요소를 갖추고 있어요. 따라서 콜로서스를 최초의 컴퓨터로 보기도 해요. 콜로서스보다 앞선 컴퓨터도 있어요. 미국의 존 아타나소프와 클리퍼드 베리가 1942년에 완성한 ABC예요.

이들 컴퓨터가 잘 알려지지 않았던 이유는 무엇일까요? 제2차 세계 대전이 한창이었기 때문이에요. 결국 최초의 컴퓨터를 둘러싼 논쟁은 법원까지 갔어요. 1973년, 미국 법원은 전기로 작동하는 논리 회로를 가지고 있다는 점을 들어 ABC를 최초의 컴퓨터로 인정했지요.

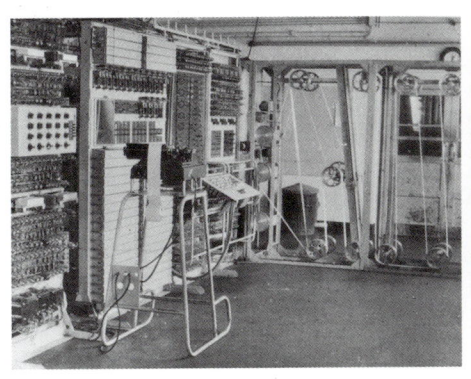
콜로서스 컴퓨터

에니악 컴퓨터

## 우주를 향해 쏴라, 인공위성

지금은 해체된 소련은 유럽 동부와 아시아 북부에 걸쳐 있었던 최초의 사회주의 국가예요. 제2차 세계 대전이 끝나고 세계는 미국과 소련을 중심으로 둘로 나뉘었어요. 자본주의를 대표하는 미국과 사회주의를 대표하는 소련은 직접 전쟁을 치르지 않아도 차갑게 대립했지요. 이 냉전 시기에 탄생한 또 하나의 발명품이 바로 인공위성이에요.

### 우주 시대가 열리다

이제는 달뿐 아니라 태양계 끝 천왕성과 해왕성까지 우주선이 접근하는 시대예요. 우주 산업 기술은 미국과 소련의 경쟁으로 눈부신 발전을 이루었어요. 이들은 경쟁에서 앞서기 위해 기술 개발에 힘을

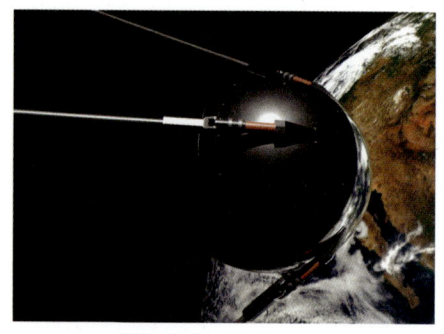

인류 최초의 인공위성, 스푸트니크 1호

썼는데, 그러던 1957년에 소련이 최초의 인공위성인 스푸트니크 1호를 우주로 쏘아 올렸지요. 세계는 그야말로 충격에 휩싸였어요.

아무래도 가장 충격을 받은 나라는 미국이 아닐까 싶어요. 소련의 인공위성이 지구 둘레를 돌며 정보를 빼내는 것이 가능했기 때문이에요. 정보 수집은 승리의 중요한 열쇠가 되니까요.

미국은 소련에 지지 않으려고 온 힘을 기울였어요. 마침내 1969년,

미국의 아폴로 11호가 역사상 처음으로 사람을 태우고 달 착륙에 성공했지요. 미국과 소련은 이렇게 엎치락뒤치락하며 우주 산업 기술을 발전시켰어요.

최초의 유인 달 착륙 우주선, 아폴로 11호

## 우리나라 최초의 인공위성

우리나라 최초의 인공위성, 우리별 1호

우리나라는 1992년 인공위성 우리별 1호를 쏘아 올리며 우주 개발에 첫발을 내디뎠어요.

혼자 힘으로 인공위성을 만든 놀라운 사례도 있어요. 실험 예술가 송호준은 5년 동안 노력한 끝에 직접 인공위성을 만들어 2013년 카자흐스탄에서 발사했지요. 이는 세계 최초로 개인이 위성을 발사한 사례라고 해요.

### 인공위성과 우주 탐사선

인공위성은 지구 주위를 돌도록 로켓을 이용해 쏘아 올린 장치예요. 목적과 용도에 따라 군사 위성, 과학 위성, 통신 위성, 기상 위성 등으로 나눠요. 반면에 우주 탐사선은 인공위성처럼 지구 주위를 돌지 않아요. 다른 행성이나 위성을 조사할 수 있도록 만든 비행 물체이지요.

## 위치를 알려 주는 GPS

GPS는 인공위성에서 보내는 신호를 통해 물체의 위치를 알아내는 시스템이에요. 보통 정확한 위치를 알기 위해서는 동시에 최소 4개의 인공위성이 필요하지요. 이런 원리에 따라 실제 지구 둘레에는 주요한 GPS 위성 24개가 서로 다른 궤도를 따라 돌고 있어요. 그 덕분에 우리는 보다 정확하고 편리하게 위치를 파악할 수 있지요. GPS는 어떻게 발명되었을까요?

### 위치를 추적하라!

전쟁에서는 위치를 아는 것이 무척 중요해요. 그런데 배나 비행기는 넓은 바다나 하늘 위에서 이동하기 때문에 정확한 위치를 파악하는 게 어려워요.

제2차 세계 대전 당시에는 감지가 쉬운 라디오파를 이용해 위치를 확인하는 방법이 사용되고 있었어요. 하지만 정보의 정확성이 떨어지는 것이 문제였지요.

1957년, 소련이 최초의 인공위성 스푸트니크를 쏘아 올리면서 실마리가 보이기 시작했어요. 미국 연구 팀이 스푸트니크에서 나오는 신호를 추적해 그 위치를 알 수 있다는 사실을 발견했거든요. 이를 거꾸로 적용하면 지구에 있는 물체의 위치 또한 알아낼 수 있다는 결론이 나왔어요. 이렇게 해서 발명된 것이 바로 GPS예요.

## GPS의 시작

1974년, 미국의 물리학자 로저 이스턴은 인공위성을 이용해 물체의 위치를 확인하는 방법을 알아내 특허를 받았어요. 그 방법은 오른쪽 그림과 같아요. 각각의 인공위성이 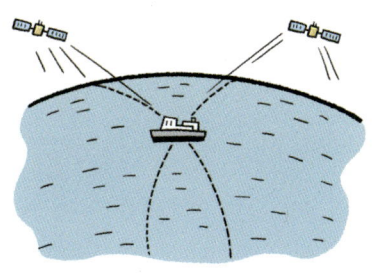 나타내는 길이 서로 마주치는 지점이 물체의 현재 위치가 되지요.

미군은 이를 바탕으로 GPS 개발에 본격적으로 뛰어들었어요. 그리고 1978년에 최초의 GPS 위성인 블록원을 쏘아 올리기에 이르지요. 1980년대에는 일반인에게도 GPS를 공개한 덕분에 오늘날 우리가 다양하게 사용하고 있어요.

### GPS의 원리는?

GPS 위성에는 시계가 들어 있어요. 위성은 이 시각 정보를 전파에 담아 지상의 수신기로 보내지요. 전파가 수신기까지 도착하는 데는 시간이 걸려서 두 시각을 비교해 위치를 찾아요. 즉, 전파 도착까지 걸린 시간에 빛의 속도를 곱하면 수신기에서 위성까지의 거리가 나오지요. 전파는 빛의 속도로 움직이거든요. 그런데 이때 전파가 곧게 오지 않아서 하나의 정보만으로 정확한 위치를 찾기가 어려워요. 그래서 여러 위성에서 보낸 정보가 마주치는 교차점을 찾는 거예요.

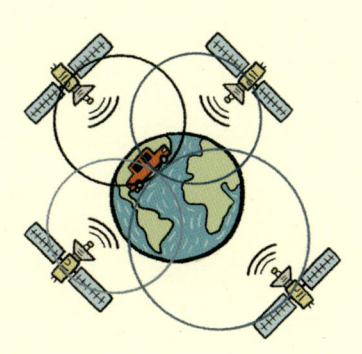

## 세계 최대의 통신망, 인터넷

만약 인터넷이 없으면 지금 우리는 어떻게 생활하고 있을까요? 아마 상상하기 힘들 거예요. 그만큼 인터넷은 우리 생활에 커다란 영향을 주고 있어요. 인터넷은 어떻게 시작된 것일까요?

### 전쟁에도 살아남을 정보 교환망

네트워크는 컴퓨터를 연결해 서로 정보를 교환하는 시스템이에요. 1950년대에 영국의 크리스토퍼 스트레이치가 컴퓨터끼리 네트워크를 구성하는 생각을  떠올려 특허를 신청한 적이 있어요. 하지만 그 당시만 해도 이런 일이 과연 가능할까 의심이 들었지요.

한편 소련군과 대치하던 미군은 중요한 군사 정보를 어떻게 보관할지를 고민하고 있었어요. 중앙에 모아서 보관하면 편리하지만, 만약 적에게 공격이라도 당하면 정보가 한꺼번에 날아가 버릴 위험이 따랐지요. 그래서 정보를 여러 곳에 나누어 보관해 서로 연결하는 방법을 생각해 냈어요. 1969년, 연구 끝에 대학교와 연구소 등을 연결하는 최초의 패킷 교환 네트워크인 아르파넷(ARPAnet)이 탄생했지요. 아르파넷의 탄생으로 미군은 정보를 효과적으로 관리하게 됐어요.

## 인터넷부터 WWW의 탄생까지

군사 목적으로 만든 아르파넷이지만, 그 편리함을 찾는 곳이 한두 군데가 아니었어요. 시간이 지나며 아르파넷은 일반에 퍼지고, 개발을 거듭한 끝에 전 세계를 잇는 통신망인 인터넷으로 발전했지요.

한편 유럽의 연구소에서 일하던 팀 버너스리는 필요한 자료를 보다 편리하게 찾고 싶었어요. 그래서 전 세계 대학교와 연구소의 정보를 신속하게 주고받을 방법을 고민했지요. 비단 문서뿐 아니라 음성이나 동영상까지 포함해서요. 그러다 자료를 통합한 데이터베이스를 마련해 이를 쉽게 열람할 수 있는 프로그램을 만들기로 했어요. 마우스로 클릭만 해도 해당 정보로 바로 연결해 주는 매우 간편한 방식으로 말이에요. 이렇게 탄생한 것이 바로 월드 와이드 웹(World Wide Web)이지요. 흔히 WWW로도 불려요.

1990년, 월드 와이드 웹이 세상에 발표됐어요. 하지만 그때만 해도 전화망을 이용해 서로의 컴퓨터를 연결하는 PC 통신이 주로 이용됐지요. 월드 와이드 웹은 PC 통신에 가로막혀 1990년대 후반에 가서야 널리 퍼졌어요. 이후 인터넷이 대중화되는 데 크게 이바지해, 지구를 하나의 마을처럼 이어 주었지요.

## 와이파이의 시작은?

오늘날, 우리가 와이파이로 무선 인터넷을 편하게 사용할 수 있는 것은 미국의 한 배우 덕분이라고 해요. 현대의 필수품인 와이파이의 기반을 닦은 사람이 배우라니 놀랍지 않나요? 과연 어떤 이야기가 숨어 있을까요?

### 배우와 과학자 사이에서

이야기의 주인공은 바로 미국 할리우드에서 활동한 헤디 라마예요. 영화 〈삼손과 델릴라〉에서 델릴라 역을 맡아 인기를 끌기도 했지요.

제2차 세계 대전 당시 피난민을 태운 영국 여객선이 독일의 어뢰 공격을 받아 침몰한 사건이 있어요. 배에는 어린아이가 많이 타고 있어 더욱 큰 충격을 안겼지요. 라마는 전쟁에서 연합군을 도울 방법을 고민하기 시작했어요. 사실 라마는 어릴 적부터 과학과 수학을 좋아하고 토론을 즐기던 사람이었거든요.

라마는 작곡가 조지 앤타일과 함께 연구한 끝에 잠수함이 어뢰를 발사할 때 적이 이를 알아차리지 못하도록 혼동을 일으키는 방

법을 알아냈어요. 그리하여 잠수함과 어뢰가 주파수를 수시로 바꿔 통신하는 주파수 도약 기술을 개발했지요. 주파수는 전파가 1초 동안에 진동하는 횟수예요.

## 뒤늦게 인정받은 기술

주파수 도약 기술은 1942년에 특허를 받았어요. 라마는 이 기술을 미군에 기증했지요. 아쉽게도 그 당시에는 미군의 기술적 한계로 받아들여지지 않았지만요. 여기에 배우가 무슨 과학을 하느냐는 사회적 편견도 영향을 미쳤어요.

그러는 사이 과학이 발전해 1962년 라마의 기술이 해군 병기에 사용되기 시작했어요. 그리고 이 기술은 오늘날 와이파이 같은 무선 통신 서비스의 큰 바탕이 되었답니다. 해킹을 막아 안전하게 무선 통신을 할 수 있도록 도우니까요.

결국 라마는 기술을 개발한 지 무려 55년이 지난 1997년에 공로를 인정받아 미국 프런티어전자재단으로부터 개척자상을 받았어요. 이때 라마는 아들을 대리 수상자로 보내 다음과 같은 짧은 소감을 남겼다고 해요.

"때가 왔군요."

이후 2014년에는 미국 발명가 명예의 전당에도 이름을 올렸답니다.

헤디 라마 기념우표

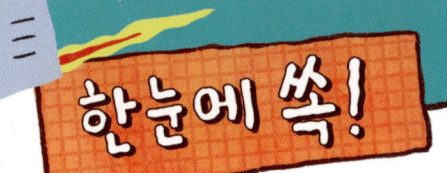

## 전쟁과 정보 통신 기술

### 컴퓨터의 발명
- 제2차 세계 대전 당시 적군의 암호를 풀 새로운 장치를 개발했음. ➡ 이 암호 해독기로부터 컴퓨터가 발전했음.
- 콜로서스: 로렌츠 암호를 풀기 위해 만든 해독기. 진공관을 사용하고 프로그래밍이 가능해 현대적 컴퓨터 요소를 갖추었음.
- 에니악: 일반적으로 세계 최초의 전자식 컴퓨터로 알려져 있음. 1946년에 개발됐으며 1만 8,000여 개의 진공관으로 이루어졌음.
- ABC: 1942년에 완성한 컴퓨터로, 전기로 작동하는 논리 회로를 가지고 있음. 이로써 뒷날 최초의 컴퓨터로 인정받았음.

### 인공위성의 발명
- 냉전 시대, 미국과 소련의 경쟁으로 우주 산업 기술이 발전했음.
- 스푸트니크 1호: 1957년, 소련이 발사한 세계 최초의 인공위성.
- 아폴로 11호: 1969년, 역사상 처음으로 사람을 태우고 달 표면에 착륙한 미국의 우주선.
- 우리별 1호: 1992년 쏘아 올린 우리나라 최초의 인공위성.

### GPS의 발명
- GPS는 인공위성에서 보내는 신호를 통해 물체의 위치를 알아내는 시스템임.
- 미국의 연구 팀이 스푸트니크에서 나오는 신호를 통해 그 위치를 알 수 있다는 사실을 발견했음. ➡ 1974년, 미국의 로저 이스턴은 인공위성을 이용해 물체의 위치를 확인하는 방법을 알아내서 특허를 받았음. 이것이 현재의 GPS로 발전했음.

### 인터넷의 발명
- 군사 정보를 관리하기 위한 목적으로 아르파넷이 탄생했음. ➡ 아르파넷을 바탕으로 세계 최대 규모의 컴퓨터 통신망인 인터넷이 발전했음. ➡ 인터넷에서 정보를 쉽게 열람할 수 있도록 월드 와이드 웹이 생겨났음. 흔히 WWW라고 불림.

### 주파수 도약 기술과 와이파이
- 미국 할리우드에서 배우로 활동하던 헤디 라마는 잠수함과 어뢰가 주파수를 바꿔 가며 통신하는 주파수 도약 기술을 개발했음.
- 주파수 도약 기술은 해킹을 막아 안전하게 무선 통신을 할 수 있도록 도와줌. ➡ 와이파이 같은 무선 통신 서비스의 기반이 됐음.

# 한 걸음 더!

## 전쟁으로 생겨난 도로망

모든 길은 로마로 통한다는 말이 있어요. 이런 말이 나온 까닭은 고대 로마가 제국을 연결하는 촘촘한 도로망을 가지고 있었기 때문이에요. 그런데 도로와 전쟁이 무슨 관계가 있냐고요?

### 빠르게 이동하려면

로마 제국은 지금으로부터 약 2,500년 전에 작은 도시 국가로 시작해 이탈리아 반도를 통일하고 유럽을 넘어 북아프리카와 서아시아까지 다스렸어요. 제국 건설 초기부터 도로를 만들기 시작

고대 로마의 도로

했는데, 나중에는 총 길이가 30만 킬로미터에 이르렀지요. 오늘날까지 남은 길이 곳곳에 있다고 하니 로마의 도로망이 얼마나 섬세하고 방대했는지 짐작할 수 있어요.

로마가 제국 전체를 잇는 도로망을 만든 가장 큰 목적이 무엇일까요? 바로 군대와 물자를 원활하게 이동시키기 위해서였어요. 전쟁을 목적으로 만든 도로망은 엉뚱하게도 긍정적 결과를 낳기도 했어요. 도로망을 따라 지식과 정보가 활발히 교류됐거든요.

### 아스팔트 포장도로의 등장

로마 제국이 멸망한 뒤로는 도로 건축 기술이 오히려 뒤떨어지게 됐어요. 거대한 제국이 사라진 데다 교통수단 또한 더디게 발전했으니까요. 그러다 자동차가 발명되면서 차츰 현대적 도로망이 갖춰지기 시작했어요.

옛날에는 땅을 다지거나 돌을 깔아 도로를 만들었지만, 오늘날 도로는 주로 콘크리트나 아스팔트로 포장해요. 그중 아스팔트는 석유를 거를 때 마지막에 남는 끈적끈적한 검은색 물질이랍니다.

아스팔트로 포장하고 있는 도로

아스팔트에 자갈 등을 섞어서 도로를 포장하지요.

아스팔트 포장도로는 표면이 평평해 저항이 적은 게 장점이에요. 최초의 인공 아스팔트 포장도로는 1870년에 미국 뉴욕 시청 앞에 깐 것이라고 전해요. 아스팔트 포장도로를 처음 본 시민들이 깜짝 놀라서 환호성을 질렀다고 하지요.

한편 우리나라 최초의 아스팔트 포장도로는 일제 강점기에 전주와 군산을 잇기 위해 건설된 도로예요. 일본이 한반도의 자원을 빼앗아 가기 위해 만든 것이지요.

- 박쥐에게서 찾아낸 기술, 레이더
- 레이더를 연구하다가 탄생한 전자레인지
- 전쟁터에서 주방으로! 테플론
- 비닐이 비밀 물자였다고?
- 붕대를 대신한 화장지? 셀루코튼

**한눈에 쏙** 생활을 바꾼 전쟁 발명품
**한 걸음 더** 기발하거나 엉뚱하거나

## 박쥐에게서 찾아낸 기술, 레이더

레이더는 전파로 물체를 탐지하는 장치예요. 레이더를 이용하면 비행기나 배 같은 것이 어디에 있는지 알 수 있지요. 현대 군사 장비에서 빠져서는 안 될 정도로 매우 중요하게 쓰여요. 이러한 레이더는 어떻게 발명된 것일까요?

### 어떻게 알아낼까?

박쥐는 어두운 곳에서도 거뜬하게 장애물을 피하고 유유히 먹이를 사냥해요. 과학자들은 연구를 통해 박쥐가 초음파를 발사해 되돌아오는 반사파로 물체를 파악하는 능력이 있다는 사실을 발견했어요. 이렇게 실마리를 얻어 레이더 개발이 시작됐지요.

초기의 레이더에는 문제가 있었어요. 전파를 잡는 기술이 부족해 물체를 정확히 탐지하는 것이 힘들었거든요. 특히 비 오는 날에는 애를 먹기 일쑤였지요. 이런 이유로 크게 주목받지 못했어요. 그러던 1920년대에 영국에서 유학하던 일본의 과학자 야기 히데쓰구와 우다 신타로가 야기-우다 안테나를 내놓았어요. 야기-우다 안테나는 한 방향으로 강한 전파를 쏘아 보내거나, 특정 방향에서 들어오는 전파를 증폭하는 데 효과적이었어요. 이를 활용하면서 레이더는 비로소 군사 장비로 주목을 받았답니다.

그리고 1935년, 영국의 로버트 왓슨와트는 최초의 실용적 레이더 시스템을 만들어 내기에 이르렀지요.

레이더 장비

## 생활에서 만나는 레이더

레이더는 전쟁에서 실제로 사용되기도 했어요. 제2차 세계 대전에서 영국은 레이더 기술을 이용해 독일 공군의 공격에 대비했다고 전하지요. 레이더는 군사 장비 말고도 우리 생활 곳곳에 쓰이고 있어요. 배나 비행기는 날씨가 나빠 앞이 보이지 않을 때 레이더 신호에 의지해서 움직여요. 자율 주행 자동차가 주변을 감지해 스스로 움직이는 것도 레이더 기술 덕분이에요. 또 날씨를 관찰하고 예측하는 일에도 레이더가 이용되지요.

항공 레이더

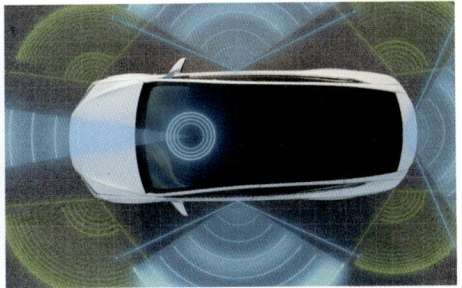

자율 주행 자동차

## 레이더를 연구하다가 탄생한 전자레인지

오늘날 주방이나 편의점 등에서 가장 간편하게 쓰이는 조리 기구를 꼽으라면 전자레인지 아닐까요? 버튼만 누르면 음식이 금방 따뜻하게 데워지니까요. 이렇게 편리한 전자레인지는 누가 어떻게 발명했을까요?

### 초콜릿 바가 녹은 이유는?

먼저 마그네트론의 발명부터 알아봐야 해요. 마그네트론은 전파의 하나인 마이크로파를 발생시키는 진공관이에요. 마그네트론은 제2차 세계 대전 당시 레이더에 이용하려고 본격적으로 개발되었지요.

1945년, 미국의 방위 산업 회사 레이시온에서 일하던 퍼시 스펜서는 이상한 현상을 발견했어요. 작동 중인 마그네트론 옆에 서 있었을 뿐인데 주머니에 넣어 둔 초콜릿 바가 녹아 버렸거든요. 스펜서는 마그네트론 근처에 다른 음식을 가져가 봤어요. 그랬더니 음식이 익는 현상이 나타났지요.

연구 끝에 마그네트론에서 나오는 마이크로파가 음식 속 수분의 온도를 올린다는 사실을 알게 됐어요. 빠르게 떨리는 마이크로파가 음식물을 통과하며 물 분자를 움직이고, 잇따라 이웃한 물 분자들이 서로 충돌하며 열이 발생했지요. 그러니까 물 분자의 운동 에너지가 열

에너지로 변해 주변으로 퍼져 나가 음식 전체의 온도를 높이는 것이랍니다. 이러한 이유로 전자레인지는 음식을 빠르고 고르게 데울 수 있어요.

스펜서는 곧바로 특허를 신청했고, 세계 최초의 전자레인지인 레이더레인지를 내놓았어요. 이름을 레이더레인지로 한 까닭은 마그네트론이 레이더를 만들기 위한 장치였기 때문이지요.

## 크기도 줄이고 가격도 낮추고

1947년에 등장한 최초의 전자레인지는 높이 약 1.8미터에 무게가 자그마치 340킬로그램이나 나갔어요. 가격도 5,000달러 정도로 일반 가정에서는 엄두조차 내지 못할 크기와 가격을 자랑했지요. 그래서 당시에는 주로 큰 식당이나 회사에서 사용했어요. 기술이 점점 발전해 1967년이 되어서야 집에 들여놓을 수 있는 크기와 가격이 갖춰졌지요.

우리나라에서 전자레인지가 처음 만들어진 것은 1979년으로, 삼성전자에서 나온 제품이었어요. 최근에는 1인 가구가 늘면서 음식을 간단하게 조리할 수 있는 전자레인지가 주방의 필수품으로 자리 잡고 있답니다.

## 전쟁터에서 주방으로! 테플론

테플론은 프라이팬에 막을 입히는 코팅 물질로 잘 알려져 있어요. 테플론을 입힌 프라이팬은 음식이 눌어붙지 않아서 좋아요. 이 테플론이 제2차 세계 대전에서 연합군의 승리를 도왔다고 하는데, 어떻게 된 일일까요?

테플론 코팅 프라이팬

### 원자 폭탄에 사용되다

제2차 세계 대전 당시 미군은 전쟁을 끝내려고 원자 폭탄 개발을 서둘렀어요. 그런데 원자 폭탄을 만드는 데 꼭 필요한 육불화 우라늄 가스가 문제가 됐지요. 웬만한 금속을 다 녹슬게 했거든요. 이 가스를 견딜 재료를 찾는 것이 무엇보다 급했어요.

그러던 가운데 미군은 화학 회사 듀폰에서 어떤 물질에도 잘 견디고, 고온에서 녹거나 타지 않으며, 미끄러워 물질이 들러붙지 않는, 새로운 플라스틱을 발명했다는 소식을 들었어요. 미군은 듀폰에 연락해 원자 폭탄 개발을 도와 달라고 했지요. 이에 듀폰은 비밀스럽게 테플론을 만들어 보냈어요. 마침내 미군은 원자 폭탄 개발에 성공했고, 나아가 제2차 세계 대전에서 연합군의 승리를 이끌었지요. 테플론이 승리에 한몫한 거예요.

## 우연히 발명된 테플론

테플론은 어떻게 발명되었을까요? 세상을 놀라게 한 발명품 중에는 우연과 실수로 탄생한 것이 많아요. 테플론의 발명도 바로 그런 경우였어요.

듀폰의 화학자 로이 플런켓은 냉장고에 쓰일 새로운 냉매제를 연구하고 있었어요. 냉매제는 냉장고 따위에서 열을 흡수하고, 이를 다시 방출하는 물질이에요. 이를 위해 테트라플루오로에틸렌(TFE) 기체를 고압 탱크에 담아 실험을 진행했지요. 그런데 하루는 고압 탱크 밸브를 열어도 기체가 나오지 않는 거예요. 이상하게 여겨 무게를 달아 보았더니 분명히 기체가 들어 있는 것으로 확인됐어요.

결국 플런켓은 탱크를 갈랐는데, 그 속에는 기체 대신 미끈거리는 하얀 가루가 들어 있었답니다. 기체였던 물질이 반응을 일으켜 고체 상태로 변했던 것이지요. 이 하얀 가루가 바로 테플론의 원료 물질인 폴리테트라플루오로에틸렌(PTFE)이에요. 듀폰은 이 물질을 상품으로 만들어 테플론이라는 이름을 붙였지요.

이처럼 테플론은 우연히 세상에 모습을 드러내, 제2차 세계 대전의 막을 내렸을 뿐 아니라 우리의 생활도 편리하게 만들어 주었어요.

테플론 플라스틱

## 비닐이 비밀 물자였다고?

오늘날 수많은 생활용품이 플라스틱으로 만들어져요. 일상에서 가장 많이 보이는 플라스틱은 저밀도 폴리에틸렌으로, 부드럽고 잘 늘어나는 성질을 띠지요.

저밀도 폴리에틸렌으로 만든 비닐봉지

음식 포장에 쓰는 랩이나 비닐봉지 따위를 만들 때도 쓰여요. 이 저밀도 폴리에틸렌 발명이 제2차 세계 대전에서 연합군의 승리에 중요한 역할을 했다고 해요. 여기에 어떤 비밀이 숨어 있을까요?

### 영국을 구하다!

제2차 세계 대전 당시 독일은 막강한 전투기를 개발해 영국을 위협했어요. 독일의 전투기가 뜨는 날이면 런던 시내는 공포에 덜덜 떨었지요.

영국군은 공격을 미리 감지할 레이더 개발에 더욱 집중했어요. 레이더 장치를 완성하기 위해서는 전파에 잘 견디면서도, 전선을 가볍고 얇게 감쌀 재료가 필요했어요. 하지만 그 당시에는 이 조건에 맞는 재료를 찾을 수 없었지요. 답답한 상황이 이어지고 있을 때 기쁜 소식이 전해졌어요. 화학 회사 ICI가 조건을 만족하는 저밀도 폴리에틸렌을 발명했다는 소식이었지요. 영국군은 이 새로운 재료를 이용해 레이더 장치를 완성했어요. 이로써 독일 전투기의 움직임을 감지해 피해를 줄일 수 있었답니다.

ICI가 생산한 저밀도 폴리에틸렌은 레이더뿐 아니라 다양한 무기와 장비에 비밀 물자로 들어갔어요. 지금도 전선을 덮어씌우는 피복 재료로 널리 쓰이고 있지요. 전선은 주로 전기를 잘 전달하는 구리나 알루미늄으로 만들어요. 따라서 안전과 효율을 위해 표면에 재료를 씌워 전기가 밖으로 통하지 못하게 막는 거예요.

## 실수로 탄생한 발명

저밀도 폴리에틸렌은 어떻게 발명된 것일까요? 이 경우는 실수가 오히려 기회로 이어진 것이라고 볼 수 있어요.

ICI의 연구원들은 폴리에틸렌의 원료인 에틸렌 기체를 연구하던 중 그만 고압 장치에 산소가 들어가게 하는 실수를 저질렀어요. 깜짝 놀라 안을 살폈더니, 기체인 에틸렌이 고체인 폴리에틸렌으로 변해 있었지요. 이후 같은 회사의 마이클 페린이 산소 때문에 반응이 일어난 것을 알아내 저밀도 폴리에틸렌 개발에 성공했어요. 이렇게 탄생한 저밀도 폴리에틸렌은 오늘날 우리 생활 곳곳에서 다양하게 쓰이고 있답니다.

반투명한 저밀도 폴리에틸렌(LDPE) 알갱이

## 붕대를 대신한 화장지? 셀루코튼

휴지는 없어서 안 될 생활용품이에요. 한 장씩 뽑아 쓰는 화장지는 특히 편리하지요. 그런데 이 화장지의 원료가 전쟁에서 붕대 대신 쓰였다고 해요. 어떻게 된 일인지 알아볼까요?

### 붕대가 모자라니까

전쟁을 치르는 동안에는 부상자가 쏟아지기 마련이에요. 제1차 세계 대전에 뛰어든 미군도 마찬가지였어요. 넘치는 부상자로 인해 결국 붕대가 부족한 상황과 맞닥뜨렸지요. 그 당시 붕대는 목화솜에서 뽑아낸 면으로 만들었는데, 오랜 전쟁으로 재료가 모자라 가격이 비쌌거든요.

미군은 붕대를 대신할 것을 찾았어요. 그러다 제지 회사 킴벌리클라크가 셀루코튼을 개발했다는 사실을 알게 됐지요. 셀루코튼의 원료는 나무의 섬유인 펄프여서 면보다 생산하기 쉬웠어요.

또, 원료가 모자랄 걱정이 없는 데다 흡수력도 뛰어났지요. 물론 가격도 더 저렴했고요. 붕대를 대신해서 쓰기에 딱 알맞았던 거예요.

## 셀루코튼의 변신

기능과 편리성이 뛰어난 셀루코튼은 입소문이 나면서 유럽으로까지 퍼져 나갔어요.

제1차 세계 대전에서 독일군은 독가스로 연합군을 공격했어요. 연합군은 셀루코튼을 마스크 필터로 활용해 독가스 공격을 견뎠지요. 그뿐 아니라 셀루코튼은 생리대로 활용되기도 했어요. 전쟁터에서 부상자를 치료하는 여성 간호사들이 면 생리대를 빨아 쓰는 데는 아무래도 어려움이 따랐으니까요.

제1차 세계 대전이 막을 내리고 셀루코튼은 새로운 길을 찾아야 했어요. 전쟁이 끝나자 셀루코튼을 찾는 사람이 빠르게 줄어들었으니까요. 그리하여 1924년, 킴벌리클라크는 셀루코튼을 부드러운 화장지로 재탄생시켰어요. 상자에 담아 한 장씩 손쉽게 뽑아 쓰도록 하고, 크리넥스라는 상표를 붙였지요. 지금도 인기 있는 크리넥스 티슈는 바로 이렇게 탄생한 거예요. 원래의 쓰임을 바꿔 엄청난 성공을 거둔 셈이지요.

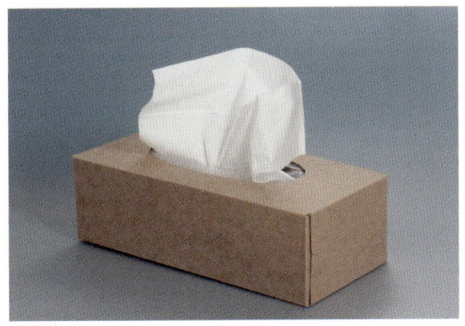 

뽑아 쓰는 화장지

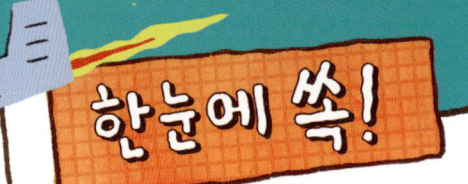

## 생활을 바꾼 전쟁 발명품

### 레이더의 발명
- 레이더는 전파를 이용해 물체를 탐지하고 거리를 측정하는 장치임.
- 박쥐에서 실마리를 얻어 군사 목적으로 처음 개발됐음. ➡ 초기의 레이더는 전파를 잡는 기술이 부족했음. ➡ 야기-우다 안테나를 레이더에 활용하면서 군사 장비로 주목을 받았음. ➡ 1935년, 영국의 로버트 왓슨와트는 최초의 실용적 레이더 시스템을 만들어 냈음.
- 레이더는 우리 생활 곳곳에 활용됨. 배, 비행기, 자동차 같은 교통수단뿐 아니라 날씨를 관찰하고 예측하는 데도 쓰임.

### 전자레인지의 발명
- 레이더를 개발하는 과정에서 우연히 전자레인지가 탄생했음.
- 전자레인지는 마이크로파의 성질을 이용해 음식 속 수분의 온도를 올림. ➡ 마이크로파가 음식물을 통과하며 물 분자를 움직이고, 이웃한 물 분자들이 서로 충돌하며 열이 나는 원리임.
- 레이더레인지: 세계 최초의 전자레인지로, 레이더를 개발하던 중 전자레인지가 발명돼 이름이 붙었음.

### 테플론의 발명
- 테플론은 프라이팬에 막을 입히는 코팅 물질임. 테플론을 입힌 프라이팬은 음식이 눌어붙지 않아서 편리함.
- 제2차 세계 대전 당시, 미군은 원자 폭탄을 만들면서 육불화 우라늄 가스 때문에 어려움을 겪었음. ➡ 마침 화학 회사 듀폰이 어떤 조건에도 잘 견디는 테플론을 발명했음. ➡ 테플론을 이용해 원자 폭탄을 완성한 미국은 제2차 세계 대전을 승리로 이끌었음.

### 저밀도 폴리에틸렌의 발명
- 저밀도 폴리에틸렌은 부드럽고 잘 늘어나는 성질이 있음. 생활에 가장 많이 쓰이는 플라스틱의 하나로, 랩이나 비닐봉지 따위의 원료가 됨.
- 레이더 개발 과정에서 전파에 잘 견디면서도 전선을 가볍고 얇게 감쌀 피복이 필요했음. ➡ 화학 회사 ICI가 조건을 만족하는 저밀도 폴리에틸렌을 생산해 냈음. ➡ 저밀도 폴리에틸렌은 레이더뿐 아니라 다양한 무기와 장비에 비밀 물자로 들어갔음.

### 셀루코튼과 뽑아 쓰는 화장지
- 나무의 섬유인 펄프로 만든 셀루코튼은 제1차 세계 대전에서 붕대를 대신했음. 또한 마스크 필터나 생리대로 활용되기도 했음. ➡ 전쟁 이후에는 한 장씩 뽑아 쓰는 화장지로 재탄생했음.

# 한 걸음 더!

## 기발하거나 엉뚱하거나

전쟁 무기나 장비 하면 무시무시한 것들이 먼저 떠올라요. 하지만 조금은 엉뚱하고 기발해 웃음을 터지게 하는 것들도 있지요. 어떤 것이 있는지 한번 살펴볼까요?

### 레이더 대신 사다리?

전쟁 중에는 멀리 떨어진 곳까지 잘 살펴야 유리해요. 먼 곳까지 잘 관찰하려면 조금 더 높은 곳에 올라가야 하겠지요? 이러한 목적에서 만들어진 것이 림바 폴 사다리예요. 제1차 세계 대전 당시만 해도 레이더 기술이 부족해서 높은 곳에 올라가 적군의 움직임을 직접 확인해야 했어요. 그래서 이런 장치가 나왔나 봐요.

저 멀리 적군이 보인다!

### 페달을 밟으면 전기가!

전쟁에서는 서로 소식을 전하는 통신 장치도 중요해요. 제1차 세계 대전 당시만 해도 전력 공급 장치가 발달하지 않았기 때문에 사람의 힘으로 전기를 만들어야 했어요. 그래서 개발된 것이 페

달 파워예요. 자전거 타듯이 페달을 밟으면 발전기가 작동하면서 전기가 만들어졌지요. 이렇게 페달 파워로 전력을 생산해 통신 장치에 이용했어요.

### 매트리스로 구명조끼를?

물에 빠져도 구명조끼가 있으면 둥둥 떠요. 이번에 소개할 것은 조금 특별한 구명조끼예요. 전쟁 중에는 물자가 늘 부족해요. 미군은 구명조끼가 없는 사태에 대비해 작전을 세웠지요. 바로 침대용 매트리스를 몸에 둘러 구명조끼처럼 쓰는 것이었어요. 이 매트리스 구명조끼가 과연 물에 잘 떴을지 궁금하네요.

### 잘 듣고 잘 보자!

제1차 세계 대전에서 독일군은 마치 미키마우스 귀 같은 장치가 달린 쌍안경을 썼어요. 적의 소리와 움직임을 잘 파악해 공격에 대비하기 위해서였지요. 소리를 모아 더 잘 듣고, 두 눈으로 동시에 먼 거리의 물체를 잘 보게 하려고요. 아무래도 맨 귀와 맨눈으로 듣고 볼 때보다 효과가 있었겠지요?

- 전쟁이 남긴 패션
- 패션 아이템이 된 지퍼
- 눈도 보호하고 멋도 내고!

**한눈에 쏙** 전쟁이 패션에 미친 영향
**한 걸음 더** 현대판 갑옷, 방탄복

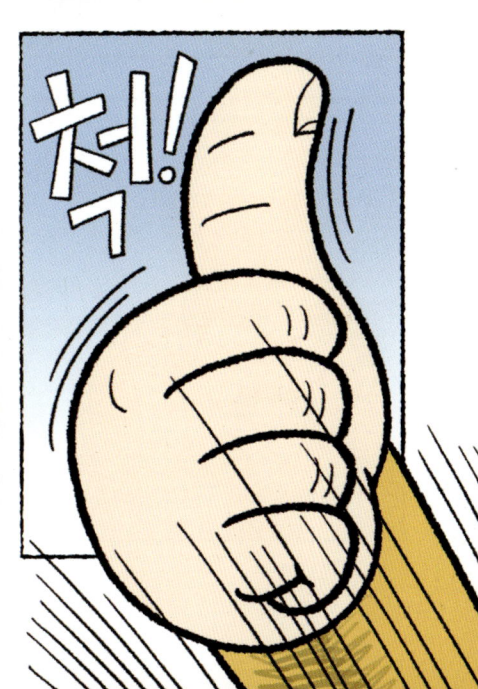

## 전쟁이 남긴 패션

찬바람이 불면 트렌치코트와 카디건을 꺼내 입는 사람이 많아요. 바람을 막으면서도 멋을 내기에 충분한 옷이니까요. 그런데 트렌치코트와 카디건도 전쟁 중에 생겨난 것이라고 해요. 이 사실을 알고 있었나요?

### 참호전에서 생겨난 트렌치코트

제1차 세계 대전 당시에는 참호전이 많이 이루어졌어요. 참호전은 땅에 구덩이를 파서 그 안에 몸을 숨기고 공격하는 싸움 방식이에요. 추운 날씨에 참호에서 버티려면 여간 힘든 게 아니었어요. 이때 영국의 패션 디자이너인 토머스 버버리가 새로운 군복을 내놓았지요.

이 군복은 습기를 막으면서도 공기가 잘 통하는 그 당시 신소재인 개버딘 원단으로 만들었어요. 또 비바람을 막을 수 있도록 목둘레에는 깃을, 손목에는 조임장치를 달았지요. 바로 트렌치코트(trench coat)예요. 여기서 'trench'는 참호를 뜻해요.

버버리 타이로켄 코트 광고 기사(좌) / 현대의 트렌치코트(우)

트렌치코트는 추위에 떨던 군인들에게 큰 도움을 주었어요. 오늘날에는 군복을 넘어 평상복으로 사랑을 받지요. 그래도 여전히 군복 특징이 남아 있어요. 어깨 부분의 장식은 계급장이나 무기를 달기 위한 것이에요. 또 가슴 부분의 덮개는 총을 받칠 때 쉽게 해지지 말라고 더한 것이라고 해요.

## 부상당한 병사를 위한 옷, 카디건

1853년, 러시아가 흑해로 나아가면서 오스만 제국과 싸움이 생겼어요. 영국과 프랑스 등이 오스만 제국 편에 서서 전쟁에 뛰어들었지요. 바로 크림 전쟁이에요. 크림 전쟁으로 많은 부상자가 생겼는데, 그들이 껴입은 스웨터가 문제였어요. 부상 때문에 스웨터를 입고 벗기가 너무 힘들었던 거예요. 이 모습을 지켜본 영국의 카디건 백작은 스웨터 앞자락을 터서 단추를 달았어요. 덕분에 부상자도 편하게 옷을 입고 벗을 수 있었지요. 이렇게 카디건이 탄생하게 됐어요.

날씨가 추울 때는 두꺼운 옷을 한 겹 입는 것보다는 셔츠나 조끼, 카디건 등 얇은 옷을 여러 개 겹쳐 입는 게 더 보온 효과가 좋아요. 그러면 옷 사이에 얇은 공기 층이 생겨 열이 밖으로 빠져나가는 것을 막아 주지요.

일상복이 된 카디건

## 패션 아이템이 된 지퍼

급하게 옷을 입고 나가려는데 단추를 하나하나 채워야 한다면 그것처럼 답답한 일이 또 없을 거예요. 그럴 때는 지퍼 달린 옷을 입어야 편해요. 지퍼는 이러한 목적에서 발명돼, 제1차 세계 대전 때 군복과 비행복에 쓰였지요. 자, 시간을 거슬러 올라가 볼까요?

### 이런 지퍼는 처음이야

최초의 지퍼는 1893년, 미국의 휘트컴 저드슨이 발명한 클래스프 로커로 알려져 있어요. 저드슨은 살집이 있어서 허리를 숙여 군화 끈을 매는 게 불편했다고 해요. 그래서 한쪽 금속 갈고리

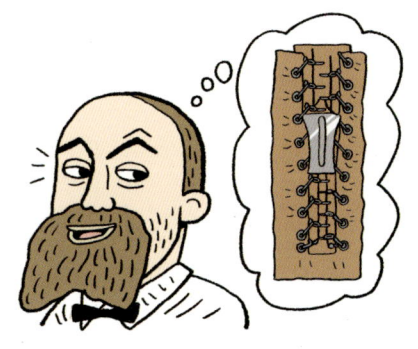

를 반대쪽 금속 구멍에 걸어서 잠기도록 하는 장치를 만들었지요. 실용성이 떨어져 큰 주목을 받지는 못했지만요.

이후 스웨덴에서 미국으로 이민 온 기드온 선드백이 갈고리 대신 금속 이가 맞물려 닫히도록 한 장치를 만들어 실용화했어요. 제1차 세계 대전 때 미군이 선드백의 장치를 사서 이용했지요. 그 당시 군복과 비행복은 여닫기가 번거로워 신속하게 출동해야 하는 상황에 맞지 않았으니까요.

이렇게 지퍼는 미군 군복과 비행복 등에 쓰이면서 사람들의 관심을 받게 됐어요. 그런데 사실 선드백이 만든 장치의 이름은 플라코였고, 지퍼라는 이름을 처음 지은 곳은 신발 회사인 굿리치였어요. 장치를 여닫을 때 나는 소리, '지잎'에서 따온 것이지요. 1925년, 굿리치는 상표 이름을 지퍼로 등록했어요. 굿리치의 신발이 인기를 끌면서 상표가 물건 이름으로 굳어진 거예요.

## 지퍼에 숨은 원리

지퍼는 쐐기*를 이용해 두 줄로 늘어선 이를 떨어지게 하거나 맞물리게 하는 장치예요. 여기에는 빗면의 원리가 숨어 있어요. 즉, 비스듬히 기운 빗면을 이용해 물체를 쉽게 움직이는 것이지요. 지퍼를 열 때는 위쪽의 세모꼴 쐐기가 이에 힘을 미쳐요. 반대로 닫을 때는 아래쪽 쐐기들이 이가 서로 맞물리도록 힘을 미치지요.

오늘날 지퍼는 잠금 장치를 넘어 바지, 치마, 점퍼, 지갑, 가방 등에서 패션을 더욱 빛내 주는 아이템으로도 사랑을 받지요.

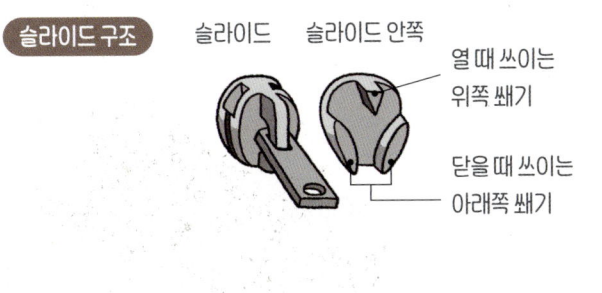

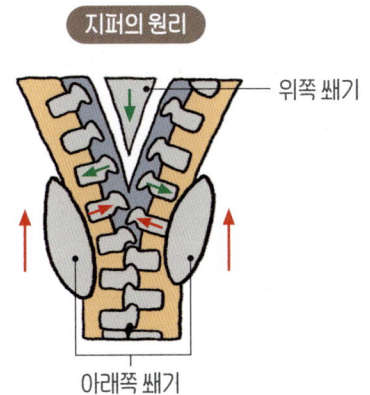

★ **쐐기** 나무나 쇠를 비스듬하게 깎아 만든 물건으로, 어떤 것의 틈에 박아서 그 틈을 메우거나 벌어지게 하는 데 씀.

### 눈도 보호하고 멋도 내고!

 멋을 낼 때 선글라스를 쓰는 사람이 많아요. 사실 선글라스는 미군이 강한 햇빛으로부터 눈을 보호하기 위해 만든 것이라고 하지요. 지금부터 선글라스에 대해 알아봐요.

## 태양을 피하려면?

 1930년대, 미군의 존 머크리디 중위는 대서양을 건너는 비행을 자주 했어요. 그런데 창으로 들어오는 강렬한 햇빛에 눈을 뜨기 힘든 경우가 많았지요. 그 당시에도 조종사가 쓰는 안경이 있었지만, 그걸로는 햇빛을 막기에 부족했거든요. 다른 조종사들에게도 사정을 물었는데, 불편을 털어놓기는 매한가지였어요. 이에 머크리디 중위는 안경 회사 바슈롬을 찾아갔지요. 비행에 위험을 불러올 수 있는 문제여서 해결해야만 했거든요.

 알고보니 강한 햇빛 때문에 불편을 겪는 것은 비행기 조종사만이 아니었어요. 자동차를 운전할 때도 사정이 비슷했지요. 사업성이 있다고 판단한 바슈롬은 바로 연구에 들어갔어요. 그리고 시야를 덜 가리는 잠자리 눈 모양 렌즈에 눈에 편안한 녹색을 더해 레이밴 선글라스를 만들었답니다. 이 선글

라스를 쓰고 햇빛을 쬐면 눈이 부시지 않았어요.

선글라스에 기대하지 않았던 또 다른 효과가 있었어요. 선글라스를 쓰면 평소보다 멋져 보였거든요. 선글라스는 미국 전역으로 퍼져 나가 폭발적 인기를 끌었어요. 이후 바슈롬은 다양한 색깔의 선글라스를 내놓아 세계적 기업으로 성장했지요.

## 선글라스 잘 고르는 방법

한여름 따가운 햇빛 아래 있다 보면 눈이 쉽게 피로해져요. 이럴 때 선글라스를 쓰면 문제를 해결할 수 있어요. 원리는 간단해요. 렌즈에 막을 입혀 자외선과 강한 빛을 막는 거예요.

사실 태양에서 나오는 빛은 다양한 광선으로 이루어져 있어요. 우리 눈에 보이는 가시광선과 눈에 보이지 않는 자외선, 적외선 등을 포함하지요. 자외선을 많이 받으면 눈 건강에 좋지 않아요. 심할 경우 병에 걸릴 수도 있고요. 따라서 선글라스를 고를 때에는 모양보다 자외선 차단 지수를 확인하는 것이 중요해요.

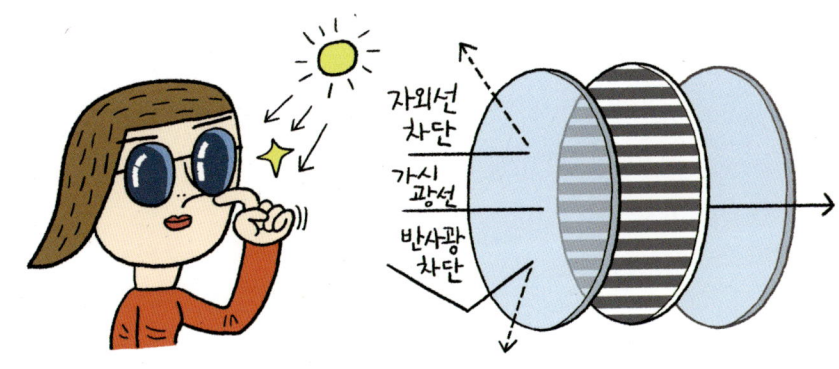

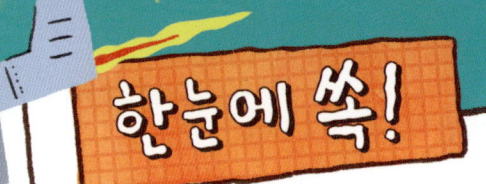

## 전쟁이 패션에 미친 영향

### 트렌치코트와 카디건의 탄생

- 제1차 세계 대전 당시 영국은 습기를 막으면서도 공기가 잘 통하는 신소재 개버딘 원단으로 새로운 군복, 트렌치코트를 만들었음. ➡ 트렌치코트는 오늘날 평상복으로도 사랑을 받음. 여전히 어깨 장식과 덮개 등 군복의 특징이 남아 있음.
- 영국의 카디건 백작은 부상자가 옷을 쉽게 입고 벗을 수 있도록 스웨터 앞자락을 터서 단추를 달았음. 이렇게 카디건이 만들어졌음.
- 추울 때는 얇은 옷을 여러 개 겹쳐 있는 게 효과가 좋음. 옷 사이에 공기층이 생겨 열이 빠져나가는 것을 막아 주기 때문임.

### 지퍼의 발명

- 1893년 휘트컴 저드슨이 지퍼를 처음으로 개발했으나 실용성이 떨어졌음. ➡ 이후 기드온 선드백이 실용적 지퍼를 발명했음. ➡ 제1차 세계 대전 때 미군은 군복과 비행복 등에 지퍼를 달아 큰 효과를 보았음.
- 지퍼는 쐐기와 빗면의 원리를 이용한 장치임. 지퍼를 열 때는 위쪽 세모꼴 쐐기가 이에 힘을 미치고, 닫을 때는 아래쪽 쐐기들이 이가 서로 맞물리도록 힘을 미침.
- 빗면의 원리: 비스듬히 기운 빗면을 이용해 물체를 쉽게 움직이는 것.

### 선글라스의 발명

- 비행기를 조종할 때 강한 햇빛으로부터 눈을 보호하기 위해 선글라스가 개발됐음. ➡ 안경 회사 바슈롬은 잠자리 눈 모양 렌즈에 녹색을 더한 레이밴 선글라스를 내놓아 인기를 끌었음.
- 렌즈에 막을 입혀 가시광선은 받아들이고 자외선과 강한 빛 등은 막는 원리임.

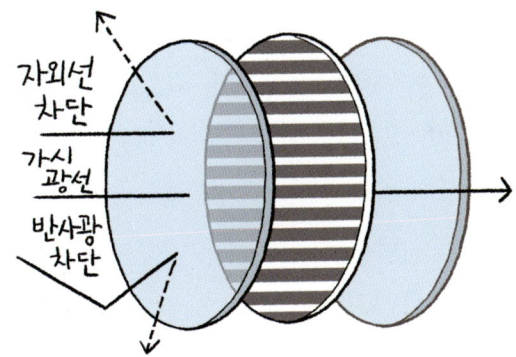

## 한 걸음 더!

### 현대판 갑옷, 방탄복

옛날에는 전쟁에서 갑옷을 입고 적과 겨루었어요. 갑옷은 쇠나 두꺼운 가죽으로 만들어 무척 무거웠으나, 칼이나 화살을 막을 수 있어서 충분히 입을 만했지요. 그런데 총이 등장하면서 쓸모가 점점 사라지고 말았어요. 총알이 갑옷을 그대로 뚫어 버렸으니까요. 그러자 총알을 막을 새로운 옷이 필요하게 됐어요.

#### 총알 막는 방탄조끼

방탄복은 날아오는 총알을 막으려고 입는 옷이에요. 방탄복 이전에 방호복도 있었어요. 이것은 폭탄 파편을 막기 위한 옷이지요.

제2차 세계 대전 이후 강화 플라스틱 기술이 발전하면서 방탄복이 만들어지기 시작했어요. 미군은 방탄복 M1951을 개발해 1950년 6·25 전쟁에서 사용했지요. 그러나 초기의 방탄복은 총알을 완벽하게 막지는 못했어요. 시간이 흐르며 방탄복도 점점 발전해 갔어요. 이제는 보다 가벼우면서도 튼튼한 방탄복이 쓰이고 있지요.

방탄복은 보통 소매 없는 조끼 모양으로 만드는데, 그 이유는

군인을 위한 방탄복

우리 몸의 중요한 기관을 보호하고 활동성을 높이기 위해서예요. 팔다리에 총알을 맞아도 생명에는 큰 지장이 없으니까요.

### 세계 최초의 방탄조끼가 우리나라에서 만들어졌다고?

한 방송에서 세계 최초의 방탄조끼가 조선 시대에 만들어졌다고 해 화제가 된 적이 있어요. 과연 사실일까요?

조선은 1866년 프랑스 함대가 쳐들어온 병인양요 직후 서양의 총에 맞서기 위한 방법을 고민했어요. 그래서 탄생한 것이 면제 배갑이지요. 면제 배갑은 면을 여러 겹 겹쳐 만들어 아주 두껍고 뻣뻣했어요. 겹겹이 쌓은 면에 총알이 걸리도록 하는, 현대의 방탄조끼와 다름없지요. 1871년 미군이 침입한 신미양요 때 실제로 쓰여 성능을 뽐냈다고 전해요. 물론 약점도 있어요. 여름에 입고 있으면 너무 더웠고, 면으로 만들어 불에 약했지요.

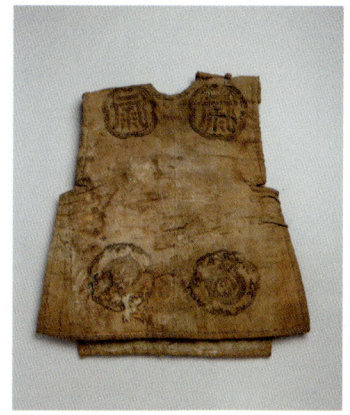 

앞 모습      뒷 모습

### 음식을 오래 보관하려면?

마트에 가면 통조림이 가득 놓인 것을 볼 수 있어요. 통조림 음식은 오랫동안 상하지 않고 보관할 수 있어서 좋아요. 그런데 통조림 탄생과 프랑스의 영웅 나폴레옹이 깊은 관련이 있다고 해요. 어떤 사연이 있을까요?

#### 나폴레옹을 깜짝 놀라게 한 병조림

1700년대 후반에서 1800년대 초까지, 연일 전쟁을 치르던 프랑스 군대는 식량 사정이 좋지 않았어요. 나폴레옹은 이 문제를 해결하려면 음식을 오랫동안 보관할 수 있는 기술이 필요하다고 생각했지요. 상금을 내걸면서까지 방법을 찾았는데, 여기에 니콜라 아페르의 의견이 뽑혔어요.

아페르는 음식을 유리병 속에 담아서 마개를 헐겁게 닫은 다음 냄비에 넣고 끓였어요. 유리병이 가열되면서 압력 차이로 병 속 공기가 빠져나갔지요. 그리고 양초를 녹여 마개를 단단히 막아 보관하면 음식물이 오랫동안 상하지 않았어요. 이 병조림으로 아페르는 상금과 훈장을 받았답니다.

## 병조림에서 통조림으로

그 당시 아페르는 병 속 음식이 왜 오래가는지 그 원리를 몰랐다고 해요. 원리가 궁금하다고요? 유리병 속을 진공 상태와 가깝게 만들어 세균의 번식을 막는 거였지요. 비록 원리를 몰라도 아페르의 병조림은 성공을 이루었어요. 하지만 유리병이라서 깨지기 쉬운 단점이 있었지요.

시간이 흘러, 1810년에 영국의 피터 듀란드가 통조림을 개발했어요. 병조림 음식을 데우려고 깡통 그릇에 옮기다가 아이디어를 얻었다고 전해요. 그런데 물기 있는 음식을 담기에는 철이 적당하지 않았어요. 녹이 생기기 쉬우니까요. 그래서 통 안쪽에 주석을 입혀 양철 통조림을 완성했지요.

한편 초기의 통조림은 뚜껑을 납땜해서 막았어요. 이러한 방식 때문에 음식에 납 성분이 들어가 중독을 일으키기도 했지요. 물론 오늘날에는 이 문제를 해결했어요. 전투 식량으로 시작된 통조림은 지금까지도 많은 사람이 찾고 있지요.

## 버터 대신 마가린

1800년대의 일이에요. 나폴레옹의 조카 나폴레옹 3세는 크림 전쟁과 멕시코 원정 등 전쟁을 거듭 이어 갔어요. 이런 상황에서 버터가 부족해지자 버터를 대신할 새로운 먹을거리가 필요했지요. 우유로 만든 버터는 가격이 비싸고, 오래 보관하기도 힘들었으니까요.

### 기름으로 만든 마가린

나폴레옹 3세는 이폴리트 메주무리에라는 이름난 화학자에게 버터를 대신할 식품을 만들어 달라는 내용의 편지를 보냈어요. 무리에는 당장 연구에 들어갔지만 좀처럼 버터를 대신할 것을 찾지 못했지요. 오랜 시간 연구에 매달려 드디어 1869년에 대용품을 만들어 내는 데 성공했답니다. 쇠기름에 들어 있는 지방과 불순물을 제거하고, 우유와 향료를 넣어 맛을 냈더니 버터와 거의 비슷한 먹을거리가 나왔지요. 이 식품은 맛이 버터와 비슷할 뿐 아니라 잘 상하지도 않아 전투

식량으로 가지고 다니기에는 오히려 낫았어요. 무리에는 이 식품을 마가린이라고 이름 붙여 특허를 냈지요. 물론 나폴레옹 3세로부터 훈장과 상금도 두둑이 받았다고 해요.

## 세계의 식탁에 오르다

버터는 서양의 식생활에서 빼놓을 수 없는 먹을거리예요. 우유에서 지방만 뽑아 굳혀 만들어서 옛날에는 값이 꽤 나갔지요. 그러니 버터를 대신할 값싼 마가린이 나왔다는 소식이 알려지자 사람들이 어떻게 했겠어요? 1870년 세계 최초의 마가린 공장이 세워진 것은 너무나 당연한 일이었지요. 프랑스뿐 아니라 영국, 미국, 독일 등 나라에서도 줄줄이 공장을 세웠어요. 마가린은 이렇게 대량으로 생산돼 세계의 식탁으로 퍼져 나갔지요.

처음에는 동물성 기름을 주로 썼지만 기술이 발전하며 식물성 기름으로 만든 마가린이 등장했어요. 한때는 트랜스 지방이 들어 있어 건강에 좋지 않다는 이유로 인기가 주춤하기도 했지만요. 트랜스 지방은 액체 상태의 지방을 고체로 만드는 과정에서 생기는데, 요즘은 트랜스 지방을 줄인 제품도 다양하게 나오고 있답니다.

### 전투 식량을 찾아라!

우리가 즐겨 먹는 통조림 햄, 스팸은 1937년, 미국의 식품 회사 호멜에서 만든 것이에요. 스팸이 오늘날 세계적 식품이 된 배경을 알아볼까요?

#### 남은 고기로 무엇을 만들까?

스팸은 고기에 인공적 처리를 더해 만든 가공식품이에요. 일반 햄보다 연하고 부드러운 육질이 특징이지요.

1930년대, 호멜은 돼지고기 어깨 살이 남아서 고민이었어요. 햄을 만들 때는 주로 뒷다리 살을 썼거든요. 그때 호멜에서 일하던 프랑스 요리사 장 베르네가 남은 어깨 살을 갈아 양념해 깡통 속에 집어넣고 익히는 방법을 떠올려 냈지요. 이렇게 탄생한 것이 스팸(SPAM)이에요. 돼지고기 어깨 살과 햄(Shoulder of Pork And haM)에서 글자를 따와 이름을 붙였다고 하지요.

스팸은 경제적 어려움을 겪던 서민에게 든든한 먹을거리가 됐어요. 게다가 전투 식량으로 이보다 좋은 게 없었지요. 그래서 제2차 세계 대전에서 군대의 전투 식량으로 쓰이기도 했어요. 이것이 스팸의 운명을 가르는 결정적 계기가 되었답니다.

## 최고의 전투 식량

미국이 제2차 세계 대전에 뛰어들며 스팸은 미군의 전투 식량으로 쓰였어요. 맛도 좋고 간편하게 먹을 수 있어서 인기가 대단했지요. 미군의 한 공군 부대는 캠프 이름을 스팸빌이라고 지을 정도였다고 해요. 제2차 세계 대전 중 호멜이 만들어 낸 스팸 개수는 무려 1억 3,000만 개에 이르렀어요. 정말 어마어마한 숫자이지요?

제2차 세계 대전 때, 호멜은 스팸을 같은 편 나라들에 수출했어요. 스팸은 주로 들어가는 재료가 고기인 데다 조리와 보관이 쉬워 인기가 높았지요. 독일의 공격으로 인해 물자와 식량이 부족했던 영국은 스팸을 특히 많이 소비했어요. 그 인기가 오죽했으면 스팸랜드라고 불렸을까요?

우리나라는 6·25 전쟁 때 미군을 통해 처음 스팸을 접했다고 해요. 전쟁 중에는 먹을거리, 특히 고기는 구하기 어렵거든요. 그런 상황에서 스팸은 미군 부대를 통해 겨우 먹을 수 있는 특별한 음식이었지요. 이렇게 전투 식량에서 시작한 스팸은 오늘날 대표적 가공식품으로 전 세계에서 팔리고 있어요.

### 콜라 없으면 환타

콜라는 아마 세계에서 가장 많이 팔리는 음료 중 하나일 거예요. 물에 이산화탄소를 녹여 톡 쏘는 맛이 그만이지요. 콜라만큼 사랑받는 탄산음료가 또 있어요. 바로 환타예요. 환타는 제2차 세계 대전 중 독일에서 만들어졌다고 해요. 과연 어떻게 만들어졌을까요?

#### 멈출 수 없는 그 맛!

제2차 세계 대전이 터지기 전 독일은 미국에 이어 세계에서 두 번째로 코카콜라를 많이 마시던 나라였다고 해요. 그래서일까요? 코카콜라는 독일에 공장까지 세웠지요. 전쟁이 터져 독일이 적이 되자, 미국은 콜라 원액 수출을 막았어요. 문제는 이미 독일이 콜라 없이 살 수 없는 나라가 되었다는 것이었어요.

그 당시 코카콜라 독일 지사장이었던 막스 카이트는 콜라를 대신할 음료를 개발했어요. 이렇게 해서 나온 것이 환타예요. 이름은 독일어로 환상을 뜻하는 'Fantasie'에서 따왔지요. 맛이 그야말로 환상적이었거든요. 초기의 환타는 사탕무와 유청 등을 섞어 만들었어요. 오랜 전쟁으로 물자 부족에 시달리던 일반 가정에서는 환타를 설탕 대신 썼다고도 해요.

전쟁이 끝나고 10년이 지난 1955년, 코카콜라는 환타를 정식 제품으로 세상에 내놓았어요. 이후로 환타는 콜라와 함께 전 세계에서 찾는 탄산음료로 자리 잡았지요.

### 궁금해! 콜라의 탄생

궁금하지 않나요? 그렇다면 콜라를 누가 처음으로 만들었을까요? 콜라는 1886년 미국의 약사 존 팸버턴이 만들었다고 해요. 팸버턴은 약효와 맛을 모두 지닌 음료를 내놓고 싶었어요. 그래서 코카나무의 잎과 껍질, 콜라나무의 열매, 탄산수 등을 섞어 음료를 만들었지요. 이것을 약국에서 팔았지만, 기대와 달리 인기를 끌지는 못했어요.

팸버턴은 자신의 사업 지분을 여러 사람에게 쪼개 팔았어요. 그중에는 약제상 아사 캔들러도 있었지요. 캔들러는 회사를 세워 콜라를 적극적으로 알렸어요. 이렇게 코카콜라가 시작된 거예요.

한 가지 궁금증을 더 풀어 볼까요? 흔히 콜라나 환타 같은 탄산음료를 마시면 트림이 나와서 소화가 잘된다고 느껴요. 그런데 이것은 착각이에요. 음료에 녹아 있던 이산화탄소가 몸속에서 기체로 변해 트림으로 빠져나오는 것뿐이니까요. 오히려 탄산음료의 산성 성분이 위를 자극해 소화를 방해할 수도 있으니 조심해야 해요.

## 한눈에 쏙!

### 전쟁과 식품 산업

**통조림의 발명**

- 나폴레옹은 군대의 식량 문제를 해결하려고 음식을 오래 보관할 수 있는 기술을 찾았음. ➡ 병 속을 진공 상태와 가깝게 만들어 세균의 번식을 막는 병조림이 나왔음. ➡ 잘 깨지는 병 대신 금속을 이용한 통조림으로 발전했음.

**마가린의 발명**

- 전쟁을 이어 가던 나폴레옹 3세는 버터를 대신할 새로운 먹을거리를 찾았음. ➡ 화학자 무리에가 우유 대신 쇠기름을 원료로 마가린을 만들어 냈음. ➡ 버터보다 값이 싸고 보관 기간이 긴 마가린이 공장에서 대량으로 생산되며 세계의 식탁에 올랐음.
- 기술이 발전하며 식물성 기름으로 만든 마가린이 등장했음. ➡ 액체 상태의 지방을 고체로 만드는 과정에서 트랜스 지방이 생김. ➡ 건강을 위해 트랜스 지방을 줄인 제품도 나오고 있음.

### 스팸의 발명
- 스팸은 돼지고기에 인공적 처리를 더해 만든 가공식품임. ➡ 경제적으로 어려운 서민의 든든한 먹을거리이자 군대의 전투 식량으로 활용됐음. ➡ 제2차 세계 대전 중 만들어 낸 스팸 개수가 1억 3,000만 개에 이를 정도로 인기가 높았음. 우리나라는 6·25 전쟁 때 미군을 통해 처음 스팸을 접했다고 함.

### 환타의 발명
- 제2차 세계 대전 중 미국이 독일에 코카콜라 원액 수출을 금지했음. ➡ 코카콜라 독일 지사장이 환타를 만들어 냈음. 오랜 전쟁에 시달리던 일반 가정에서는 환타를 설탕 대신 쓰기도 했음. ➡ 1955년, 코카콜라는 환타를 정식 제품으로 내놓았음.
- 탄산음료를 마시면 트림이 나오는 이유는 음료에 녹아 있던 이산화탄소가 몸속에서 기체로 변해 빠져나오기 때문임.

## 한 걸음 더!

### 러시아를 정벌하는 약, 정로환

배탈과 설사를 멈추는 약 가운데 정로환이 있어요. 지금은 한자로 '正露丸'이라고 쓰지만, 처음에는 '征露丸'이었지요. 러시아(露)를 정벌(征)하는 알약(丸)이라는 뜻이에요. 왜 이런 이름을 가지게 된 것일까요?

**전쟁 중에 설사병이라니!**

1904년 한반도와 만주에 대한 지배권을 둘러싸고 러일 전쟁이 일어났을 때예요. 당시 일본군은 러시아를 물리치려고 만주로 나아갔어요. 그런데 이상하게도 병사가 하나둘씩 죽어 나가는 것이 아니겠어요? 젊은이들이 픽픽 쓰러지니 일본군이 발칵 뒤집어졌지요. 조사를 해 보니 원인은 물이었어요. 만주 지방의 오염된 물이 심한 배탈과 설사를 일으킨 거예요.

일왕은 전국의 제약 회사에 배탈과 설사를 멈추게 하는 약을 만들라고 지시했어요. 이렇게 해서 나온 약이 크레오소트예요. 이 약을 먹고 나자, 병사들은 비로소 배탈과 설사를 멈출 수 있었어요. 그리고 전쟁에서 승리를 거두었지요. 이런 이유로 이 약에 정로환(征露丸)이라는 이름이 붙었다는 이야기가 전해요.

### 이름을 바꿔라!

제2차 세계 대전은 일본의 패배로 끝이 나게 돼요. 그러자 정로환을 만들던 제약 회사들은 '치다 정(征)' 자를 '바르다 정(正)' 자로 바꾸었지요. 1926년 일본 법원이 이름이 국제적 도리에 반한다고 판결을 내린 데다, 아무래도 승전국인 러시아의 눈치를 봐야 했으니까요. 그럼에도 이름을 그대로 쓰는 곳이 남아 있기는 해요.

정로환의 주성분은 목초액에서 추출한 크레오소트예요. 목초액은 나무로 숯을 만드는 과정에서 나오는 연기를 액체로 만든 것이에요. 크레오소트는 세균을 죽이고 통증을 줄여 주는 효과가 있지만, 더불어 코를 찌르는 지독한 냄새를 풍기지요.

우리나라에서는 1972년에 동성제약이 동성 정로환을 내놓았어요. 2019년에는 주성분을 크레오소트 대신 냄새가 덜한 구아야콜로 바꾸고, 배탈과 설사뿐 아니라 급체 같은 위장병에도 효과 좋은 약으로 재탄생시켰지요. 오늘날 위생 수준이 높아져 세균성 설사가 줄어든 반면, 식습관 변화로 위장병을 겪는 사람이 늘어난 상황을 반영한 것이에요.

## 워크북

### 1화 역사 – 전쟁과 무기의 역사

**1** 다음 문장을 읽고 맞으면 ○, 틀리면 ✕표시를 해 봐요.

- 기록으로 볼 때 가장 오래된 로켓은 1232년 금나라가 몽골과의 전쟁에서 사용한 비화창이에요. (　　)
- 비화창은 목표 지점에 떨어져 주위를 태우는, 그 당시에 엄청난 위력을 자랑하는 무기였어요. (　　)
- 우리나라에서 처음으로 만들어진 로켓 무기는 신기전이에요. (　　)

**2** 휠락 총에서 불이 일어나는 원리를 설명해 봐요. `서술형 문항 대비` ✓

----------------------------------------
----------------------------------------
----------------------------------------
----------------------------------------
----------------------------------------
----------------------------------------

**3** 다음 탱크에 대한 설명 중에서 <u>틀린</u> 것을 골라 봐요.

① 탱크는 전차의 한 종류예요.
② 제1차 세계 대전 당시 영국이 참호를 돌파하려고 만들었어요.
③ 최초의 탱크인 마크원은 최고 속도가 시속 60킬로미터에 달했어요.
④ 험한 길에서도 쉽게 이동할 수 있도록 무한궤도를 달아 만들었어요.

**4** 다음 글을 읽고 괄호 안에 들어갈 단어를 적어 봐요.

> 1775년, 미국은 영국의 식민 지배에서 벗어나기 위해 독립 전쟁을 벌였어요. 이때 부슈널은 해전에서 힘없이 당하던 미국을 위해 할 일을 고민했지요. 그리하여 최초의 공격용 (　　　) 터틀을 만들어 내기에 이르렀어요. 나무통을 이용해 만든 터틀은 물속에서 적군의 배에 접근해 드릴로 구멍을 뚫고 폭탄을 집어넣으려는 계획을 가지고 있었지요.

## 2화 기술 - 전쟁과 정보 통신 기술

**1** 뜻과 글자 수를 보고 떠오르는 단어를 적어 봐요.

- ☐☐☐☐ : 제2차 세계 대전 당시 로렌츠 암호를 깨기 위해 만든 컴퓨터. 진공관을 사용하며 프로그래밍이 가능함.
- ☐☐☐ : 일반적으로 알려진 최초의 컴퓨터. 탄알이 목표에 이르는 지점을 계산하려고 만들었음.
- ☐☐☐ : 미국 법원이 인정한 최초의 컴퓨터. 전기로 작동하는 논리 회로를 가지고 있음.

**2** 서로 관련 있는 것끼리 바르게 이어 봐요.

| 최초의 인공위성 | 최초의 유인 달 착륙 우주선 | 우리나라 최초의 인공위성 |
|---|---|---|
| ① | ② | ③ |

| ㉠ | ㉡ | ㉢ |
|---|---|---|
| 아폴로 11호 | 스푸트니크 1호 | 우리별 1호 |

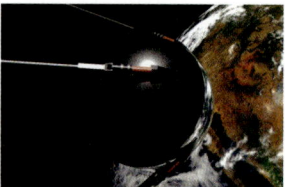

**3** 다음 문장을 읽고 맞으면 ○, 틀리면 ×표시를 해 봐요.

- GPS는 인공위성에서 보내는 신호를 통해 물체의 위치를 알아내는 시스템이에요. (      )
- 지구 위에서 정확한 위치를 알기 위해서는 동시에 최소 2개 위성으로부터 신호를 받아야 해요. (      )
- 1978년에 군사용으로 최초의 GPS 위성을 쏘아 올렸어요. (      )

**4** 인터넷에 대해 누가 <u>틀리게</u> 말하고 있는지 골라 봐요.

① 아르파넷은 오늘날 인터넷의 원형으로 알려져 있어.

② 아르파넷은 처음에 군사 목적으로 만들어졌어.

③ 월드 와이드 웹은 문서만 이용할 수 있는 인터넷이야.

④ 월드 와이드 웹은 인터넷 대중화에 크게 이바지했어.

## 3화 생활 – 생활을 바꾼 전쟁 발명품

**1** 초기의 레이더가 주목받지 못했던 이유를 적어 봐요. 　서술형 문항 대비 ✓

_____

_____

_____

_____

_____

**2** 다음 글을 읽고 무엇에 대한 설명인지 적어 봐요.

- 이것은 레이더를 개발하다가 발명되었어요.
- 마이크로파의 성질을 이용해 음식 속 수분의 온도를 올려요.
- 음식을 빠르고 고르게 데우는 장점이 있어요.

_____

**3** 다음 글을 읽고 무엇에 대한 설명인지 골라 봐요.

> 제2차 세계 대전 당시 미군은 원자 폭탄 개발을 서둘렀어요. 그런데 원자 폭탄을 만드는 데 꼭 필요한 육불화 우라늄 가스가 문제가 됐지요. 이 문제를 해결하려고 나온 것이 (           )이에요. 어떤 물질에도 잘 견디고, 고온에서 녹거나 타지 않으며, 미끄러워 물질이 들러붙지 않는 특징을 가지고 있지요.

① 테플론　　　　　　　② 셀루코튼
③ 마그네트론　　　　　④ 저밀도 폴리에틸렌

**4** 서로 관련 있는 것끼리 바르게 이어 봐요.

테플론　　　　　　저밀도 폴리에틸렌　　　　셀루코튼
①　　　　　　　　②　　　　　　　　　　③


㉠　　　　　　　　㉡　　　　　　　　　　㉢
프라이팬　　　　　뽑아 쓰는 화장지　　　　비닐봉지

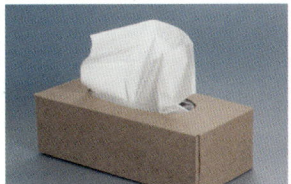

## 4화 문화 – 전쟁이 패션에 미친 영향

**1** 트렌치코트와 카디건에 대한 설명으로 <u>틀린</u> 것을 골라 봐요.

① 처음 트렌치코트는 참호전을 견디기 위한 군복으로 만들어졌어요.
② 영국의 카디건 백작이 트렌치코트를 개발했어요.
③ 부상자가 입고 벗기 편하도록 스웨터에 단추를 단 것이 카디건의 시작이에요.
④ 트렌치코트와 카디건은 지금도 쌀쌀한 계절에 입는 옷으로 사랑받고 있어요.

**2** 괄호 안에 공통으로 들어갈 단어를 적어 봐요.

> 지퍼는 쐐기를 이용해 두 줄로 늘어선 이를 떨어지게 하거나 맞물리게 하는 장치예요. 여기에는 (          )의 원리가 숨어 있어요. 즉, 비스듬히 기운 (          )을 이용해 물체를 쉽게 움직이는 것이지요.

_____

**3** 다음 글을 읽고 무엇에 대한 설명인지 적어 봐요.

- 이것은 조종사의 눈을 보호하려고 만들어졌어요.
- 안경 회사 바슈롬이 개발해 대중화시켰어요.
- 멋을 내기 위한 장식품으로도 사랑받고 있어요.

_____

**4** 괄호 안에 들어갈 단어를 〈보기〉에서 찾아 적어 봐요.

태양에서 나오는 빛은 다양한 광선으로 이루어져 있어요. 그중 우리 눈으로 볼 수 있는 빛은 (　　　)이에요.

**보기**　　자외선　　적외선　　가시광선

_____

## 5화 산업 - 전쟁과 식품 산업

**1** 아페르는 통조림의 시초인 병조림을 만들었어요. 병조림 음식이 오랫동안 상하지 않는 원리를 적어 봐요. [서술형 문항 대비 ✓]

_____
_____
_____
_____

**2** 다음 표의 빈칸에 들어갈 단어를 각각 적어 봐요.

| 버터 | vs. | 마가린 |
|---|---|---|
| ㉠ | 주재료 | ㉡ |
| 비교적 비쌈 | 값 | 비교적 저렴함 |
| 짧음 | 보관 기간 | 긺 |

㉠: _____  ㉡: _____

**3** 다음 글을 읽고 무엇에 대한 설명인지 적어 봐요.

- 돼지고기에 인공적 처리를 더해 만든 가공식품이에요.
- 제2차 세계 대전에서 전투 식량으로 쓰였어요.
- 우리나라는 6·25 전쟁 때 미군을 통해 이것을 처음 접했다고 해요.

_____

**4** 탄산음료에 대한 설명으로 바른 것을 골라 봐요.

① 콜라 맛에 질린 독일인이 환타를 개발해 냈어요.
② 초기의 환타는 오렌지와 파인애플을 섞어 만들었다고 해요.
③ 콜라는 처음에 약으로 만들어졌지만, 인기를 끌지는 못했어요.
④ 탄산음료의 산성 성분은 몸속에서 소화가 잘되도록 도와요.

# 정답 및 해설

### 1화

1. O, O, X
→ 우리나라에서 처음으로 만들어진 로켓 무기는 고려 후기에 최무선이 만든 주화예요. (☞ 16~17쪽)

2. 본문을 참고해 적어 봐요.
→ 원리는 라이터와 비슷해요. 방아쇠를 당기면 작은 쇠바퀴가 회전해 부싯돌을 긁어 불꽃이 일지요. 두 물체가 서로 닿아 비벼지는 마찰의 힘으로 불을 붙이는 거예요. (☞ 19쪽)

3. ③
→ 마크원은 최고 속도가 시속 6킬로미터 정도로 사람이 걷는 속도와 비슷했어요. (☞ 20~21쪽)

4. 잠수함
→ 최초의 공격용 잠수함인 터틀호에 대한 설명이에요. (☞ 22~23쪽)

### 2화

1. 콜로서스, 에니악, ABC
→ 콜로서스는 제2차 세계 대전 당시 로렌츠 암호를 깨기 위해 만들었어요. 진공관을 사용하고 프로그래밍이 가능해서 최초의 전자식 컴퓨터로 볼 수 있지요. 일반적으로 최초의 컴퓨터는 1946년에 개발된 에니악으로 알려져 있어요. 원래는 탄알이 목표에 이르는 지점을 계산하려고 만들었지만, 전쟁이 끝난 뒤에는 우주선 연구 등에 쓰였다고 해요. 1973년 미국 법원은 전기로 작동하는 논리 회로를 가지고 있다는 점을 들어 ABC를 최초의 컴퓨터로 인정했어요. (☞ 36~37쪽)

2. ① - ⓒ, ② - ⊙, ③ - ⓒ
→ 최초의 인공위성은 1957년에 소련이 쏘아 올린 스푸트니크 1호예요. 미국의 아폴로 11호는 1969년에 역사상 처음으로 사람을 태우고 달 착륙에 성공했지요. 우리나라 최초의 인공위성은 1992년 쏘아 올린 우리별 1호예요. (☞ 38~39쪽)

3. O, X, O
→ 지구 위에서 정확한 위치를 알기 위해서는 동시에 최소 4개 위성으로부터 신호를 받아야 해요. (☞ 40~41쪽)

4. ③
→ 월드 와이드 웹은 문서뿐 아니라 음성이나 동영상 등 각종 자료를 이용할 수 있는 인터넷이에요. (☞ 42~43쪽)

### 3화

1. 본문을 참고해 적어 봐요.
→ 초기의 레이더는 전파를 잡는 기술이 부족해 물체를 정확히 탐지하는 것이 힘들었

어요. 이런 이유로 크게 주목받지 못했지요.
(☞ 56쪽)

2. 전자레인지

⋯› 전자레인지에 대한 설명이에요.
(☞ 58~59쪽)

3. ①

⋯› 테플론에 대한 설명이에요. (☞ 60~61쪽)

4. ① - ㉠, ② - ㉢, ③ - ㉡

⋯› 테플론은 프라이팬에 막을 입히는 물질로 쓰여요. 저밀도 폴리에틸렌은 랩이나 비닐봉지 등을 만드는 데 쓰이지요. 셀루코튼은 전쟁이 끝나고 부드러운 화장지로 재탄생했어요. (☞ 60~65쪽)

## 4화

1. ②

⋯› 트렌치코트는 영국의 토마스 버버리가 만들었어요. 카디건 백작은 카디건을 고안해 낸 인물이에요. (☞ 76~77쪽)

2. 빗면

⋯› 지퍼는 쐐기와 빗면의 원리를 이용한 장치예요. 빗면을 이용하면 물체를 쉽게 움직일 수 있어요. (☞ 79쪽)

3. 선글라스

⋯› 선글라스에 대한 설명이에요.
(☞ 80~81쪽)

4. 가시광선

⋯› 햇빛은 가시광선, 자외선, 적외선 등 다양한 파장의 광선으로 이루어져 있어요. 가시광선이 우리 눈으로 볼 수 있는 빛이에요. (☞ 81쪽)

## 5화

1. 본문을 참고해 적어 봐요

⋯› 유리병을 가열해 속을 진공 상태와 가깝게 만들어 세균의 번식을 막는 원리예요. 그러면 음식이 상하지 않고 오래가지요.
(☞ 92~93쪽)

2. ㉠ 우유, ㉡ 기름

⋯› 버터는 우유로 만들어요. 버터를 대신하려고 만든 것이 마가린이에요. 마가린의 주재료는 기름이지요. (☞ 94~95쪽)

3. 스팸

⋯› 스팸에 대한 설명이에요. (☞ 96~97쪽)

4. ③

⋯› ① 콜라 원액 수입이 어려워지자, 콜라를 대신할 음료로 독일에서 환타를 개발했어요. ② 처음에는 사탕무와 유청 등을 섞어 환타를 만들었어요. ④ 탄산음료의 산성 성분은 위를 자극해 소화를 방해할 수 있어요.
(☞ 98~99쪽)

## 찾아보기

**ㄱ**
가시광선 ·················· 81

**ㄴ**
네트워크 ·················· 42

**ㄷ**
드릴 ·················· 22~23

**ㄹ**
레이더 ·········· 56~59, 62~63, 68
로켓 ·············· 16~17, 39

**ㅁ**
마가린 ················ 94~95
마이크로파 ················ 58

**ㅂ**
버터 ················ 94~95
병조림 ················ 92~93
비화창 ················ 16~17

**ㅅ**
수륙 양용 소총 ············ 25
수중 소총 ············ 24~25
선글라스 ············ 80~81

**ㅇ**
어뢰 ············ 23, 44~45

에니악 ·················· 37
와이파이 ················ 44~45
인공위성 ················ 38~41

**ㅈ**
자외선 ·················· 81
잠수함 ·········· 22~23, 44~45
적외선 ·················· 81

**ㅊ**
참호전 ·················· 76

**ㅋ**
카디건 ················ 76~77
컴퓨터 ·········· 36~37, 42~43
콜로서스 ················ 36~37

**ㅌ**
탄산음료 ················ 98~99
테플론 ················ 60~61
통조림 ············ 92~93, 96
트렌치코트 ············ 76~77

**ㅍ**
프라이팬 ·················· 60

**ㅎ**
화승총 ················ 18~19